IA : notre ambition pour la France

Notre prospérité devrait être renforcée par une deuxième caractéristique majeure de l'IA : elle semble accélérer l'innovation. Cet effet demeure incertain, mais il est étayé par de nombreux usages récents de l'IA : trouver de nouvelles protéines, identifier de nouveaux matériaux, etc. Si cet effet se confirme, il s'agirait là d'une caractéristique remarquable de l'IA : elle pourrait induire une augmentation permanente du taux de croissance de l'économie. Autrement dit, en plus d'un effet *temporaire* lié à l'automatisation, l'IA pourrait produire un effet *à plus long terme* lié à l'émergence de nouvelles innovations, de nouveaux produits, de nouvelles formes d'organisation, etc.

Dans les prochaines années, les systèmes d'IA conduiront à la transformation de nombreux emplois. La plupart des travailleurs bénéficieront de l'automatisation de tâches parfois ingrates. La grande majorité des métiers évolueront, avec des tâches en plus, et des tâches en moins. Oui, il faut se préparer à ce que l'automatisation permise par l'IA supprime certains emplois et accélère l'obsolescence de certaines compétences. Au niveau sectoriel ou à titre individuel, cette évolution représentera un défi de formation et de reconversion. Cependant, au niveau national et malgré les incertitudes, notre Commission estime que les effets de l'IA seront globalement favorables à l'emploi : l'IA pourra générer des emplois dans de nouveaux métiers, en partie inconnus à ce jour, ainsi que dans des métiers existants.

La seule existence de la technologie ne garantit en aucun cas ces gains économiques et sociaux. L'histoire récente le prouve. Alors que les technologies numériques ont contribué à la croissance américaine, la France n'en a que peu bénéficié. L'activité française a crû nettement moins qu'outre-Atlantique et aucun véritable acteur mondial du numérique n'a émergé : entre 2001 et 2022, la richesse par habitant a progressé de 29 % aux États-Unis, contre seulement 14 % en France.

Il est donc essentiel de mettre en place un ensemble de politiques publiques adaptées pour maximiser les gains : politique d'innovation, politique industrielle, politique concurrentielle… L'accompagnement des reconversions professionnelles et la formation continue seront également déterminants. Il est d'autant plus important de relever le défi de l'accompagnement des évolutions de carrières individuelles que la rapidité de la diffusion de l'IA rendra les transitions difficiles. **Seuls les États qui se donneront les moyens de maîtriser l'IA en obtiendront les principaux bénéfices. Or, à ce jour, la France et l'Europe sont en retard.**

L'ampleur du défi économique : la préoccupante faiblesse de la France et de l'Europe

L'économie du numérique est deux à trois fois plus faible en Europe qu'aux États-Unis, et l'IA suit pour l'instant une trajectoire comparable. Sur les 100 entreprises de technologies à la plus grande capitalisation fin 2023, 10 sont européennes. Le problème n'est pas seulement que l'Europe ne produit pas de géant du numérique, mais qu'elle ne produit pas non plus d'entreprise au 2e ou 3e rang : ni Adobe, ni Uber, ni Airbnb, ni Shopify, ni Stripe ne sont européennes, alors que leurs plus grands marchés ou leurs fondateurs sont européens. Dans le secteur des services numériques (logiciels, traitement de données…), l'activité est ainsi deux fois et demie plus élevée aux États-Unis que dans l'Union européenne et le Royaume-Uni pris ensemble. Nous retrouvons un ordre de grandeur comparable dans l'IA. Le nombre d'entreprises spécialisées qui ont été financées sur la période 2013-2022 est effectivement deux fois et demie plus élevé aux États-Unis qu'en Europe.
Si cette supériorité se poursuit ou se renforce, la France et l'Europe encourent le risque d'un rapide déclassement économique. Ce risque est de deux ordres : être largement dépourvu d'entreprises *spécialisées* dans l'IA et voir les entreprises *existantes* perdre en compétitivité.

plusieurs modalités d'intervention, pour faire émerger l'écosystème d'IA et accélérer la transformation du tissu économique par l'IA. À côté des moyens financiers, le fonds s'accompagnera d'une mise en commun de données d'activité pour conduire certains projets numériques. Une telle ampleur des moyens et le tandem de financement et de données sont inédits en France. Face au risque de déclassement économique, l'audace participera de l'émergence de solutions innovantes performantes et de l'accélération de la modernisation des entreprises françaises.

Deuxièmement, nous ne tirerons pas les bénéfices de l'IA générative sans accéder à des données fiables de qualité : nous recommandons donc de repenser la gouvernance de la donnée. D'abord, il est essentiel de **faciliter l'accès aux données** à caractère personnel pour permettre leur utilisation dans des innovations thérapeutiques, notamment en supprimant certaines procédures d'autorisation préalable d'accès aux données de santé et en réduisant les délais de réponse de la Commission nationale de l'informatique et des libertés (Cnil). Cela suppose de réformer le mandat de la Cnil, pour y ajouter un objectif d'innovation, de réviser la composition de son collège et de renforcer ses moyens.

Ensuite, nous devons **veiller à l'application du principe de transparence** des données d'entraînement des grands modèles d'IA. Prévu par le règlement européen relatif à l'IA, ce principe doit permettre le respect du droit de la propriété littéraire et artistique. Il doit pouvoir être mis en œuvre de la façon la plus simple possible, pour les développeurs de modèles d'IA comme pour les ayants droit, en particulier par l'élaboration de standards pour la publication des informations sur les modèles d'IA et la mise en œuvre du droit de retrait.

Enfin, dans une logique plus prospective, il nous revient de **concevoir une nouvelle gestion, collective, des données**. Alors que la protection des données est aujourd'hui centrée sur l'individu avec le règlement européen de protection des données personnelles, l'accès aux données des modèles d'IA et les bénéfices qui en découlent

Ces perspectives, encore hypothétiques et qui ne se concrétiseront peut-être jamais, ne peuvent constituer l'alpha et l'oméga de notre approche de l'IA. Elles imposent néanmoins de rester vigilant. Il est donc nécessaire que notre pays se dote d'une capacité d'évaluation des systèmes d'IA les plus avancés qui permette d'anticiper l'apparition de nouveaux risques et d'une gouvernance qui permette d'y répondre, sur le plan national comme sur le plan international.

L'IA nous rendra-t-elle plus prospères ?

> **Certainement, car l'IA nous rendra plus productifs.** L'ampleur de ces gains et la façon dont ils seront répartis dans la société sont incertaines et ne sont pas définies *a priori*. En dix ans, ils pourraient augmenter le PIB de 250 à 420 milliards d'euros, soit autant que la valeur ajoutée de toute l'industrie.

Depuis les Trente Glorieuses, l'économie française, et plus généralement les économies de la majorité des pays développés, ont connu une baisse de leur taux de croissance. Certains économistes en ont conclu que cette faible croissance était inéluctable, parlant même de « stagnation séculaire ».

L'IA pourrait nous aider à retrouver des taux de croissance élevés dans nos économies développées par deux effets : (i) en augmentant notre productivité, c'est-à-dire la vitesse à laquelle nous produisons des biens et des services ; (ii) en augmentant notre capacité à générer de nouvelles idées, et donc de nouvelles innovations, de nouveaux produits ou de nouvelles formes d'organisation.

L'IA augmente significativement la productivité

L'IA peut augmenter notre potentiel de croissance en automatisant des tâches dans la production de biens et services. Elle contribue ainsi à l'augmentation de la productivité, comme cela s'est produit avec la mécanisation dans le secteur agricole, l'invention de la chaîne de montage dans l'industrie, ou plus récemment la numérisation d'une part importante de l'économie. Les gains de productivité sur ces tâches contribueront à augmenter le taux de croissance.

Une récente étude américaine[6] s'intéresse justement aux effets de l'adoption de l'IA générative sur la productivité d'employés du service client d'une entreprise. L'entreprise a progressivement déployé un outil d'IA aidant les employés chargés de répondre à la clientèle *via* un *chat* en ligne en leur proposant des réponses générées automatiquement. Dans le cadre de cette étude, l'effet du déploiement de cet outil est substantiel : la productivité des employés ayant eu accès à l'assistant IA a crû de 25 %, dont 14 % dès le premier mois d'utilisation. L'effet est donc immédiat et persistant sur les cinq mois d'étude.

Bien entendu, ces résultats ne concernent qu'un type précis de profession au sein d'une entreprise donnée. Toutefois, deux études[7] se concentrant sur des individus hautement qualifiés aux États-Unis (consultants, managers, etc.) montrent que l'utilisation de ChatGPT permet une augmentation de la productivité des tâches typiques de ces métiers entre 25 et 35 %.

---

6. Brynjolfsson E., D. Li, L. Raymond (2023), « Generative AI at work », *NBER Working Paper*, 31161.

7. Noy S., W. Zhang (2023), « Experimental evidence on the productivity effects of generative artificial intelligence », *Science*, 381 (6654), p. 187-192. Dell'Aqua F., E. McFowland, E. Mollick, H. Lifshitz-Assaf, K. Kellogg, S. Rajendran, L. Krayer, F. Candelon, Lakhani (2023), « Navigating the jagged technological frontier : Field experimental evidence of the effects of AI on knowledge worker productivity and quality », *Harvard Business School Technology & Operation Mgt. Unit Working Paper*.

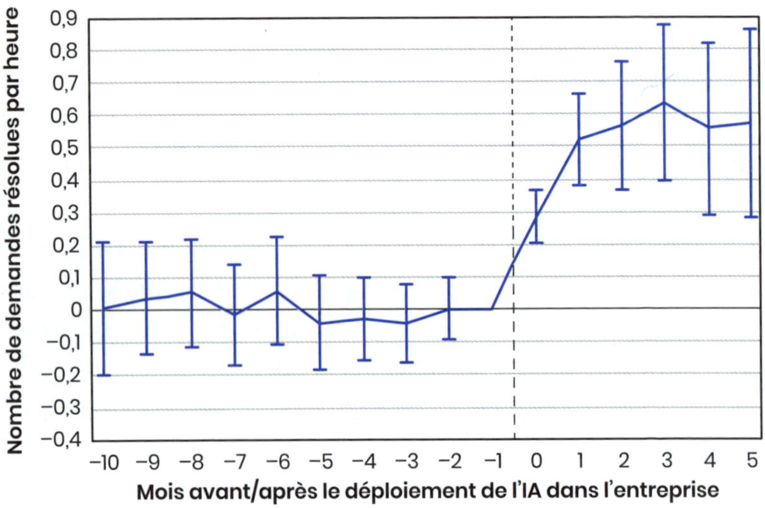

Graphique 1. Effet de l'adoption de l'IA générative sur la productivité d'employés d'un service client.

Source : Brynjolfsson, Li et Raymond (2023).
Lecture : les employés ayant accès à l'IA voient leur productivité augmenter davantage que ceux n'y ayant pas accès, alors que leurs productivités évoluaient de façon similaire dans les dix mois précédant l'introduction de l'IA.

Cela semble montrer que les gains de productivité sont observés au sein d'un panel de professions large, avec des niveaux de qualification différents. Ces effets sont exprimés par les travailleurs eux-mêmes. En France, une vaste enquête de Pôle emploi « Les employeurs face à l'intelligence artificielle » (juin 2023[8]) met aussi en avant un effet positif sur la productivité : 72 % des employeurs recourant à l'IA mentionnent un impact positif sur la performance de leurs salariés, en permettant notamment de réduire les tâches fastidieuses (63 %) ou le risque d'erreur (51 %).

Si l'on cherche à dépasser le cadre d'une entreprise pour estimer l'impact global de l'IA sur l'économie, deux questions se posent :

8. Enquête menée par Pôle emploi auprès de 3 000 établissements de 10 salariés ou plus en juin 2023. L'étude ne précise pas si l'IA utilisée est générative ou non, alors que les études américaines se concentrent sur l'IA générative.

quand verra-t-on les gains économiques de l'IA, et quelle sera leur ampleur ? Nous pouvons faire le parallèle avec les effets sur la productivité des révolutions technologiques passées. Aux États-Unis comme en Europe, dans le cas de l'électricité, les gains de productivité se sont matérialisés une vingtaine d'années après l'invention de la technologie.

Pour bien comprendre ce décalage temporel, examinons le cas de l'électricité. Au début du XXe siècle, son adoption dans les entreprises était encore limitée. Les usines maintenaient une organisation interne semblable à celle qu'elles avaient adoptée lorsqu'elles étaient alimentées par des moulins à eau : avec un arbre de transmission central que faisait tourner l'énergie hydraulique. Ni l'apparition de la vapeur avec la première révolution industrielle ni celle de la dynamo au début de la seconde révolution industrielle n'ont conduit à une modification de l'organisation interne des usines. Or la présence de cet arbre de transmission obligeait à placer les machines similaires côte à côte. Il a fallu attendre les années 1910 pour voir les gains de productivité liés à l'électricité, grâce à l'invention du fil électrique et la miniaturisation des moteurs électriques. Chaque machine devient alors alimentée de manière autonome par l'électricité. Cette innovation élimine l'arbre de transmission et permet un agencement plus efficace des machines : c'est l'invention de la chaîne de montage, qui marque la hausse de la productivité des usines.

Le décalage temporel existera également pour l'IA, car son adoption nécessitera aussi bien une évolution de l'organisation du travail au sein des entreprises que des investissements complémentaires. Toutefois le décalage devrait être moins marqué avec l'IA générative, qui est bien plus aisée à déployer dans l'économie, et s'applique bien aux emplois de service de notre économie. L'industrie du jeu vidéo, par exemple, déploie l'IA générative rapidement pour générer l'esquisse d'un jeu en deux mois au lieu de six mois, et générer beaucoup d'idées différentes d'un personnage. Par ailleurs,

le foisonnement d'innovations dans l'IA date d'une dizaine d'années. Nous pourrions donc commencer à observer bientôt des gains de productivité.

Cela nous conduit à une seconde question : quelle est l'ampleur des gains économiques à attendre ? Si l'on considère que les gains de productivité permis par la vague de l'IA au cours de la prochaine décennie seront comparables à ceux de la vague de l'électricité dans les années 1920 en Europe, la croissance de la productivité augmenterait alors de 1,3 point de pourcentage par an à partir de 2024[9]. Si l'on préfère prendre comme point de comparaison la vague des technologies numériques de la fin des années 1990 et du début des années 2000 aux États-Unis, la hausse de la croissance de la productivité serait d'environ 0,8 point de pourcentage par an. En comparaison, la hausse de productivité potentielle de la France[10] est aujourd'hui estimée à 0,5 % par an à moyen terme. En étudiant plus en détail le différentiel de croissance entre la France et les États-Unis sur la période 1997-2006, on constate effectivement que ce sont les secteurs producteurs ou fortement utilisateurs de technologies numériques qui expliquent la quasi-totalité de l'écart observé : le développement et le déploiement d'une nouvelle technologie aussi déterminante que le numérique sont le principal facteur explicatif des écarts de prospérité entre les États-Unis et la France sur cette période.

Toutes choses égales par ailleurs[11], les gains générés par l'IA augmenteraient significativement le taux de croissance de la France, estimé à 1,35 % par an à moyen terme. De tels gains de productivité pendant dix ans conduiraient à une hausse du PIB comprise

---

9. Estimation réalisée à partir des données de Bergeaud A., G. Cette, R. Lecat (2016), « Productivity trends in advanced countries between 1890 and 2012 », *Review of Income and Wealth*, 62 (3), p. 420-444.

10. Programme de stabilité pour la période 2022-2027.

11. En transposant ces gains de productivité au PIB potentiel ; sans évolution conjointe de l'emploi, point discuté en détail à la section « L'IA : créatrice ou destructrice d'emplois ? », p. 66.

dans une fourchette allant de 250 milliards d'euros à 420 milliards d'euros en 2034, soit l'équivalent de la valeur ajoutée de l'industrie dans son ensemble !

En revanche, cette hausse de la croissance ne serait que transitoire : une fois l'IA adoptée par l'ensemble du tissu économique, les gains de productivité liés à cette adoption et les transformations engendrées cessent, c'est ce que présente le graphique 2.

Cette prédiction sera cependant considérée comme trop pessimiste pour certains, trop optimiste pour d'autres. Les premiers feront valoir que l'IA permet d'automatiser également la production d'idées, ce qui permet de générer un surcroît de croissance, et ce de façon permanente[12]. Les seconds mentionneront l'existence d'obstacles à la croissance, notamment l'absence de concurrence sur différents segments de la chaîne de valeur de l'IA.

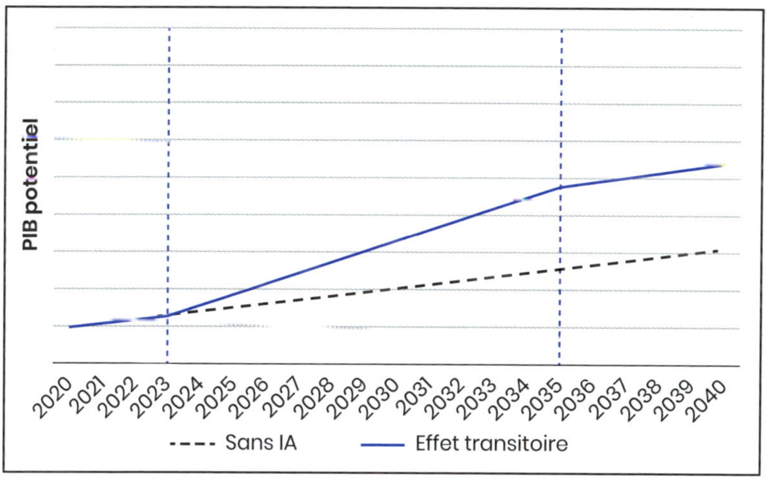

Graphique 2. Effet transitoire attendu de l'adoption de l'IA sur la croissance.

Source : Commission IA.

12. Aghion P., B. Jones, C. Jones (2017), « Artificial intelligence and economic growth », *NBER Working Papers*, 23928.

L'IA devrait également faciliter la production de nouvelles idées

L'IA pourrait automatiser la production de nouvelles idées, ou du moins la faciliter. Elle nous aidera donc à générer de nouvelles inventions et à résoudre des problèmes complexes, comme dans l'exemple d'AlphaFold qui permet de trouver de nouvelles protéines[13], ou de GNoMe qui suggère de nouveaux matériaux qui pourraient équiper nos véhicules ou nos objets du quotidien[14].

L'impact de l'IA sur la science et l'innovation est difficile à quantifier. D'autant que la capacité de l'IA à générer de nouvelles idées pourrait se heurter à des difficultés pratiques : il ne suffit pas d'identifier 2,2 millions de nouveaux matériaux potentiels pour les produire, il faut encore les valider expérimentalement. Au minimum, l'IA facilitera le travail des chercheurs. Si des outils d'IA appuient progressivement l'humain pour identifier de nouvelles hypothèses, créer des protocoles et réaliser des expériences, alors la production d'idées pertinentes augmentera. Cette perspective, incertaine, se profile toutefois à l'horizon. Près d'un article de recherche sur dix mentionne déjà l'utilisation de l'IA[15].

Quel serait alors l'effet de cette capacité de l'IA à générer de nouvelles idées sur la prospérité ? De nouveau, faisons un parallèle historique pour illustrer en quoi une innovation peut impacter sur le long terme le taux de croissance de la productivité. Au XVIIe siècle, l'invention du calcul infinitésimal a rendu possibles de gigantesques progrès en physique, notamment dans la compréhension des mouvements des projectiles ou des planètes. De même, les progrès effectués dans les techniques de polissage du

---

13. Jumper J., R. Evans, A. Pritzel *et al.* (2021), « Highly accurate protein structure prediction with AlphaFold », *Nature*, 596 (7873), p. 583-589.
14. Merchant A., S. Batzner, S. S. Schoenholz *et al.* (2023), « Scaling deep learning for materials discovery », *Nature*, 624 (7990), p. 80-85.
15. Analyse du journal *Nature* sur la base de données Scopus.

verre ont conduit l'humanité à voir de plus en plus petit et à découvrir le monde des microbes, inconnu jusqu'alors. Ainsi, le microscope a permis des avancées cruciales en médecine. Au même titre, l'IA ouvre un champ des possibles difficile à imaginer. Ces effets induisent donc une augmentation permanente du taux de croissance de la productivité. La magnitude de cet effet n'est toutefois pas quantifiable.

Projetons-nous à présent dans un avenir cumulant les effets transitoires sur la croissance, liés à l'automatisation de la production des biens et services, et les effets permanents sur la croissance, liés à l'automatisation de la production de nouvelles idées. C'est le scénario bleu dans le graphique 3, avec des gains potentiels plus importants encore que les 250 à 420 milliards d'euros d'ici à 2034 présentés plus haut.

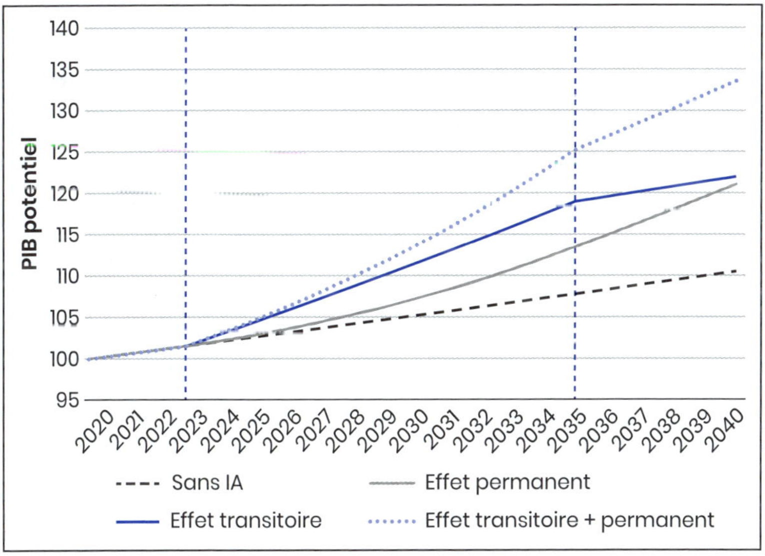

Graphique 3. Effets totaux de l'adoption de l'IA sur la croissance.

Source : Commission IA.

L'importance des institutions et de la concurrence

Ne sommes-nous pas trop optimistes dans nos prédictions de croissance ? Après tout, la révolution numérique, elle aussi, devait conduire à une accélération de la croissance. Or, depuis le début des années 2000, les pays développés, à commencer par les États-Unis, ont connu un fort déclin de leurs taux de croissance. Comment expliquer nos faibles taux de croissance malgré des innovations majeures qui ont considérablement changé notre quotidien : l'ordinateur, le smartphone, les réseaux sociaux, etc. ?

Pour certains économistes, il s'agit d'un simple problème de mesure, pour d'autres, c'est le signe que ces innovations numériques ont surtout amélioré notre divertissement[16]. Une explication plus convaincante est que la révolution des technologies de l'information et de la communication (TIC) a favorisé l'émergence d'entreprises « superstars », notamment les Gafam (Google, Amazon, Facebook, Apple, Microsoft). Issues de la révolution des TIC, les Gafam ont dans un premier temps contribué à l'augmentation observée du taux de croissance de la productivité pendant la décennie 1995-2005. Cependant, une politique de concurrence trop laxiste a permis aux Gafam de grossir jusqu'à contrôler certains pans entiers de l'économie américaine, ce qui a fini par décourager l'entrée de nouvelles entreprises innovantes avec des effets négatifs sur la croissance de l'économie dans son ensemble[17].

La différence entre la révolution des TIC et celle de l'IA est que cette fois les Gafam sont dominants dès le début, et donc peuvent immédiatement décourager l'entrée de nouvelles entreprises

---

16. Comme le disait l'investisseur Peter Thiel en 2022 sur les réseaux sociaux : « On nous avait promis des voitures volantes, et nous n'avons eu droit qu'à 140 caractères. »
17. Aghion P., A. Bergeaud, T. Boppart, P. Klenow et H. Li (2023), « A theory of falling growth and rising rents », *Review of Economics Studies*, 90 (6, p. 2675-2702).

innovantes. L'absence de concurrence est particulièrement prononcée dans les segments amont de la chaîne de production de l'IA, à savoir l'accès aux données et l'accès à la puissance de calcul : ces segments sont dominés par un petit nombre de géants dont les Gafam. D'où l'importance d'adapter nos institutions et en particulier nos politiques de concurrence, pour que la révolution de l'IA puisse pleinement agir comme facteur de croissance (voir « Éviter les positions concurrentielles dominantes », p. 193).

À l'inverse, un risque de déclassement économique et géopolitique

Le déploiement des systèmes d'intelligence artificielle dans notre économie et notre société n'est pas sans risques. Que se passerait-il donc si la France et l'Europe choisissaient de rester à l'écart de cette révolution technologique ? Il faut d'abord souligner qu'empêcher totalement la diffusion des systèmes d'IA dans la société est quasiment impossible. Cela supposerait en particulier d'isoler notre pays de la circulation mondiale des informations et d'imposer un contrôle très strict de la population. À part la Corée du Nord, peu de pays empruntent cette voie.

Si l'isolement total est donc peu enviable, que se passerait-il si l'on freinait la diffusion de l'innovation ? Pour y répondre, tournons-nous vers l'histoire des révolutions industrielles. Le cas de la Chine est très éclairant. Durant des siècles, l'empire du Milieu est de très loin la première puissance mondiale. À partir de la seconde moitié du XVIIe siècle, les dynasties Ming et Qing font le choix de s'opposer au commerce international par crainte des nouvelles technologies et de ses effets sur l'économie et la société[18]. Le contrôle de l'État sur la société et l'économie se renforce, allant même jusqu'à

18. Acemoglu D., J. Robinson (2012), *Why Nations Fail : The Origins of Power, Prosperity, and Poverty*, Crown Business.

ordonner aux habitants vivant le long de la côte sud de se déplacer de 30 kilomètres à l'intérieur des terres.

Cet isolement vis-à-vis de l'innovation a changé le cours de l'histoire de la Chine. Au mitan du XVIIe siècle, le PIB par habitant en Chine est seulement inférieur de 10 à 20 % à celui du Royaume-Uni ou de la France[19]. Puis la Chine ne bénéficie pas des effets des révolutions industrielles qui se déploient en Europe. Deux siècles plus tard, le PIB par habitant en Chine est cinq fois plus faible ; dix fois plus faible en 1900 (graphique 4). Le décrochage économique conduit à un affaissement de la souveraineté de l'Empire, qui se voit imposer des traités inégaux par les puissances étrangères : c'est la « ruée sur la Chine ».

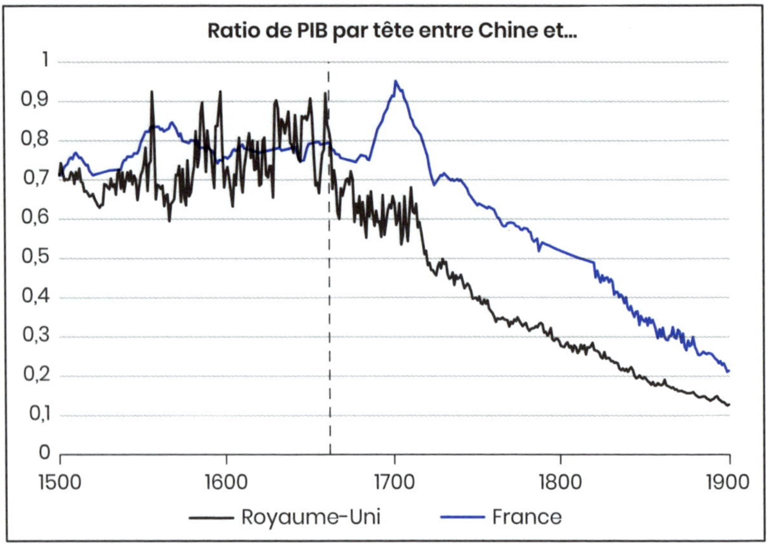

Graphique 4. Comparaison du PIB par tête de la Chine à ceux du Royaume-Uni et de la France.

Source : Commission IA à partir des données du Maddison Project Database 2020.

19. Selon les données 2020 du Maddison Project Database, base de données de référence pour les estimations historiques du PIB.

De nombreux autres exemples montrent que l'absence de participation à une révolution technologique conduit à un déclassement économique et sociétal, qui hâte la domination étrangère et attise la convoitise internationale. Prévenir cette trajectoire délétère ne nécessite pas de s'emparer sans boussole de l'IA, mais de s'organiser pour la maîtriser et l'orienter selon nos objectifs politiques.

L'IA : créatrice ou destructrice d'emplois ?

> **Notre propre analyse empirique suggère un effet positif de l'IA sur l'emploi dans les entreprises qui adoptent l'IA, car celle-ci remplace des tâches, et non des emplois.** Dans 19 emplois sur 20, il existe des tâches que l'IA ne peut pas accomplir. Les emplois directement remplaçables par l'IA ne représenteraient donc que 5 % des emplois d'un pays comme la France. Par ailleurs, la diffusion de l'IA va créer des emplois, dans de nouveaux métiers, mais aussi dans d'anciens métiers. Au total, certains secteurs ou certains domaines pourraient connaître des baisses nettes d'emplois, qui doivent être accompagnées par les pouvoirs publics, mais cela n'implique pas que l'IA aura un effet négatif sur l'emploi national en France.

Des scénaristes et des acteurs de Hollywood qui craignent pour leurs emplois, une entreprise française de veille médiatique qui déclenche un plan de sauvegarde de l'emploi sous couvert de l'IA : les actualités et les prises de position font redouter une fin du travail et un chômage technologique de masse.

L'intelligence artificielle permet en particulier l'automatisation de tâches, qui est le moteur essentiel de la croissance économique (voir « L'IA nous rendra-t-elle plus prospères ? », p. 55), et cela implique deux effets contraires sur l'emploi. D'un côté, l'automatisation déplace certaines tâches du travail humain vers les machines,

ce qui tend à détruire des emplois : c'est l'**effet d'éviction**. De l'autre, l'automatisation augmente la productivité des individus, ce qui conduit à une augmentation du rapport qualité/prix des produits proposés aux consommateurs, donc à une demande plus élevée et, *in fine*, davantage d'embauches et la création de nouvelles tâches : c'est l'**effet de productivité**.

Pour comprendre l'effet d'une nouvelle technologie sur l'emploi et le marché du travail, il faut donc comprendre lequel de ces deux effets l'emporte. Pour cela, deux principales approches ont été retenues. Premièrement, en étudiant directement les effets de l'adoption de l'IA au sein des entreprises ou des secteurs. Deuxièmement, en étudiant les effets de l'IA sur les différentes tâches composant l'économie.

Première approche : les effets sur l'emploi de l'adoption de l'IA par les entreprises

L'approche n'est pas nouvelle et a déjà été utilisée pour mesurer les effets sur l'emploi d'autres révolutions technologiques. Par exemple, une étude[20] réalisée à partir de données françaises et s'intéressant à l'adoption des machines industrielles (machines-outils, robots, etc.) montre que les entreprises qui adoptent davantage ce type de nouvelles technologies baissent leurs prix, augmentent leurs ventes et leur emploi davantage que leurs concurrentes n'ayant pas adopté les technologies d'automatisation.

Qu'en est-il dans le cas de l'IA ? Une enquête réalisée annuellement par l'Insee permet d'étudier les effets de l'adoption de l'IA par les entreprises en France[21]. On constate que l'emploi total

---

20. Aghion P., C. Antonin, S. Bunel, X. Jaravel (2023), « Capital industriel moderne, demande de travail et dynamique des marchés de produits : le cas de la France », document de travail Insee.

21. Parmi les entreprises n'ayant pas déjà adopté l'IA en 2018, on peut comparer l'évolution de l'emploi entre les 321 entreprises l'ayant fait entre 2018 et 2020 et les 897 entreprises ne l'ayant pas fait.

des entreprises ayant adopté l'IA augmente davantage que dans les entreprises ne l'ayant pas adoptée, alors que ces deux groupes suivaient une tendance antérieure similaire (graphique 5). L'effet résulte principalement de la création de nouveaux emplois, plutôt que d'un maintien plus important d'emplois existants. On constate aussi qu'il n'y a pas d'effets différenciés sur les emplois occupés par des hommes par rapport à ceux occupés par des femmes : l'adoption de l'IA a des effets comparables pour l'emploi masculin et féminin.

Cependant, cet effet de l'IA sur l'emploi total n'est pas uniforme d'un métier à l'autre. En particulier, certains échelons au sein de l'entreprise ou certains métiers risquent de subir des réductions nettes d'emplois. De fait, le graphique 6 montre que les entreprises qui adoptent l'IA pour la gestion administrative ou le marketing voient leur emploi en « professions intermédiaires administratives et commerciales » diminuer.

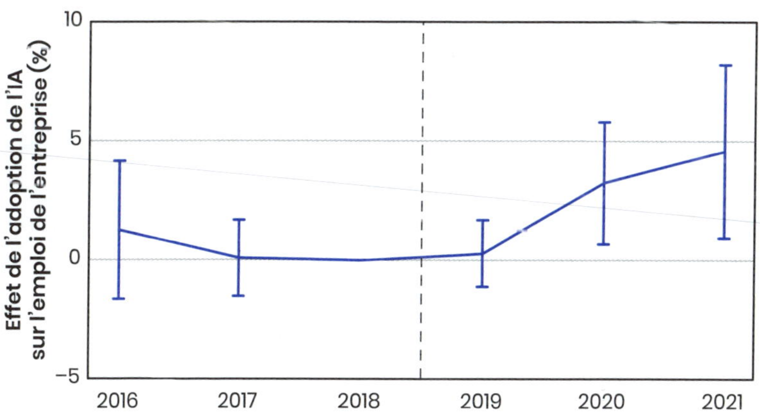

Graphique 5. Effet de l'adoption de l'IA sur l'emploi total au sein des entreprises en France.

Source : Commission IA.

Lecture : les entreprises adoptant l'IA augmentent leur emploi davantage que celles ne l'adoptant pas, alors qu'elles évoluaient de façon similaire dans les trois années précédentes.

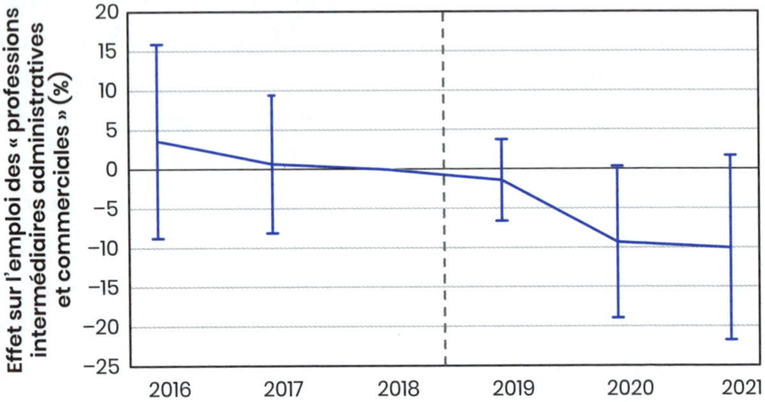

Graphique 6. Effet de l'adoption d'IA pour le marketing ou la gestion administrative sur l'emploi des professions intermédiaires administratives et commerciales au sein des entreprises en France.

Source : Commission IA.
Lecture : les entreprises adoptant l'IA pour le marketing ou la gestion administrative baissent leur emploi davantage que celles ne l'adoptant pas, alors qu'elles évoluaient de façon similaire dans les trois années précédentes.

Ces résultats sont nouveaux et importants, mais ils ne suffisent pas à appréhender l'ensemble des effets potentiels de l'IA sur le marché du travail. Il est notamment probable qu'une entreprise innovante qui adopte l'IA deviendra plus productive que les entreprises du même secteur qui ne l'adoptent pas, et que par suite l'entreprise innovante gagnera des parts de marché au détriment des entreprises concurrentes qui n'ont pas adopté l'IA. En termes d'emploi, cela se traduira par une création nette au sein de l'entreprise innovante mais au détriment des entreprises qui n'ont pas adopté l'IA : ces entreprises concurrentes risqueront de subir des destructions d'emplois. Au total, quel est l'effet agrégé de l'IA sur l'emploi lorsque l'on considère le marché du travail dans sa globalité ?

Un premier élément de réponse à cette question est fourni par des études récentes, focalisées sur les États-Unis et qui analysent les effets sur l'emploi de l'adoption de l'IA non générative par

les entreprises. Ces études suggèrent un effet positif de l'IA sur l'emploi. En particulier, une étude américaine[22] publiée en 2023 suggère que l'adoption de l'IA est associée à une augmentation de l'emploi et du chiffre d'affaires au niveau sectoriel, pas juste au niveau de l'entreprise qui se convertit à l'IA.

Jusqu'à présent nous nous sommes concentrés sur les effets de l'IA non générative. Or, ce qui est nouveau avec l'IA générative, c'est que *certains* métiers de la connaissance, de la stratégie et de la créativité (médecins, enseignants, avocats, journalistes, artistes…), autrefois perçus comme des creusets de l'intelligence humaine, pourraient être concernés par une réduction du nombre total d'emplois.

Des travaux récents, réalisés à un niveau très microéconomique, s'intéressent précisément aux effets de l'adoption de l'IA générative. En particulier l'étude de Brynjolfsson *et al.*[23] (voir « L'IA nous rendra-t-elle plus prospères ? », p. 55) se concentre sur le cas de l'adoption d'un outil à base d'IA générative permettant d'assister les agents du service clientèle. Si cette étude ne permet pas de conclure à un effet sur l'emploi total, elle met néanmoins en avant le fait que la probabilité qu'un employé quitte son emploi pendant le mois en cours diminue de 8,6 points de pourcentage après l'adoption de l'IA, tout en augmentant la productivité des employés. L'effet est encore plus fort pour les employés dont l'embauche au sein de l'entreprise est récente (moins de six mois). Au total, cette étude suggère un effet positif de l'IA générative sur l'emploi.

Cependant, une autre étude[24] montre que l'arrivée de ChatGPT a eu un effet négatif sur l'emploi et la rémunération des travailleurs

22. Babina T., A. Fedyk, A. He, J. Hodson (2024), « Artificial intelligence, firm growth, and product innovation », *Journal of Financial Economics*, 151, 103745.
23. Brynjolfsson E., D. Li, L. Raymond (2023), « Generative AI at work », art. cit.
24. Hui X., O. Reshef et L. Zhou (2023), « The Short-Term Effects of Generative Artificial Intelligence on Employment : Evidence from an Online Labor Market », *Working paper*.

américains free-lance (travail rémunéré à la tâche). L'étude s'intéresse plus précisément à une plateforme proposant des missions ciblant des tâches de petite ou moyenne envergure au sein de plusieurs métiers (saisie de données, conception graphique, développement de logiciels, marketing, etc.) et met en évidence une baisse du nombre d'emplois et des revenus, y compris pour les actifs ayant une expérience plus importante, suite à la mise en service de ChatGPT en novembre 2022.

En résumé, ces premières études suggèrent que l'effet de productivité domine en moyenne pour les salariés en entreprise, tandis que l'effet d'éviction semble être plus important pour les individus indépendants devant effectuer pour l'essentiel des tâches plus facilement remplaçables par l'IA.

Au-delà de l'effet sur l'emploi, qu'en est-il de l'effet sur les inégalités ? La première série d'études se concentrant sur l'IA non générative[25] met en avant le fait que les entreprises qui adoptent l'IA embauchent par la suite des profils plus diplômés et plus techniques, en particulier en faveur des emplois dits « STIM » (science, technologie, ingénierie et mathématiques). Cela conduirait à une hausse des inégalités, car ces profils complémentaires de l'adoption de l'IA ont des salaires plus élevés que la moyenne. Toutefois, la seconde vague d'études sur l'IA générative[26] bat en brèche cette vision en mettant en évidence le fait que les employés initialement les moins qualifiés ou les moins productifs sont ceux pour lesquels les gains de productivité offerts par l'utilisation de l'IA sont les plus importants. Cela pourrait alors donner à ces employés des leviers pour renégocier à la hausse leur rémunération, et ainsi réduire les inégalités au sein des entreprises.

---

25. Babina T., A. Fedyk, A. He et J. Hodson (2023), « Firm investments in artificial intelligence technologies and changes in workforce composition », *NBER Working paper*.
26. Brynjolfsson E., D. Li et L. Raymond (2023), « Generative AI at work », art. cit. ; Noy S. et W. Zhang (2023), « Experimental evidence on the productivity effects of generative artificial intelligence », *Science*, 381 (6654), p. 187-192.

Enfin, l'approche directe consistant à comparer *a posteriori* les entreprises ou secteurs ayant adopté l'IA par rapport à ceux l'ayant peu ou pas fait ne permet pas d'avoir un recul temporel très important, en particulier dans le cas de l'IA générative : la sortie du premier outil d'IA générative grand public date de novembre 2022, et ces études ne permettent pas encore de conclure à un effet sur un horizon de quelques années. En complément de l'approche directe, il est intéressant de s'appuyer sur une approche plus prospective par les tâches.

Seconde approche : les effets de l'adoption de l'IA sur les tâches

Comme la précédente, cette approche conduit à prédire un effet positif de l'IA sur l'emploi. C'est ce qu'a notamment montré une étude récente de l'Organisation internationale du travail (OIT)[27]. Celle-ci donne à chacune des tâches réalisées au sein de l'économie une probabilité de remplacement par l'IA. L'étude distingue deux cas. Si une part importante des tâches qui constituent une profession peuvent être effectuées par l'IA, cette profession a un potentiel de *remplacement par l'IA*. En revanche, si une profession est composée de quelques tâches automatisables, mais d'une majorité de tâches difficiles à automatiser, elle a un potentiel d'*amélioration par l'IA* : l'automatisation de certaines tâches permet de libérer du temps pour d'autres. Par exemple, les employés de bureau feraient face à un risque de remplacement, tandis que les managers auraient un potentiel d'amélioration.

L'étude conclut que, dans l'ensemble du monde et y compris dans les pays développés, le nombre d'emplois ayant un potentiel d'*amélioration par l'IA* (13,4 %) est bien plus élevé que celui ayant un

27. Gmyre P., J. Berg, D. Bescond (2023), « Generative AI and jobs : A global analysis of potential effects on job quantity and quality », document de travail OIT, 96.

potentiel de *remplacement par l'IA* (5,1 %). L'étude note par ailleurs des inégalités de genre : 3,5 % des emplois principalement tenus par des femmes ont un potentiel de remplacement, contre 1,6 % des emplois principalement tenus par des hommes[28]. Une étude du Fonds monétaire international (FMI)[29] adoptant une méthodologie relativement proche aboutit à des chiffres plus élevés : 60 % des emplois seraient fortement exposés à l'IA, environ la moitié de ces emplois pouvant profiter d'un potentiel d'*amélioration par l'IA* tandis que l'autre moitié ferait face à un potentiel de *remplacement par l'IA*.

Concernant les inégalités de genre, l'étude note que, dans les pays développés, les femmes sont plus exposées que les hommes à la fois pour les emplois ayant un potentiel de *remplacement par l'IA* mais aussi pour ceux ayant un potentiel d'*amélioration par l'IA*. Elle conclut que les femmes sont confrontées à la fois à de plus grands risques et à de plus grandes opportunités face à l'IA.

Une récente note[30] adapte la méthodologie de l'OIT au cas de la France afin de dresser un panorama des effets attendus de l'IA sur les 222 professions recensées par la nomenclature du ministère du Travail. L'axe vertical (voir graphique 7) représente l'exposition d'une profession à l'IA en général : plus un métier est haut sur ce graphique, plus il est globalement exposé à l'IA. L'axe horizontal représente quant à lui la part des tâches jugées difficiles à automatiser : plus une profession est située à droite sur ce graphique, plus une part importante des tâches ne semblent pas facilement remplaçables par l'IA. La taille des cercles est proportionnelle au nombre de personnes exerçant cette profession.

---

28. Les professions de service à la clientèle, ou celles de tâches administratives et de communication, sont par exemple des professions très féminisées.
29. Pizzinelli C., A. Panton, M. Mendes Tavares, M. Cazzaniga, L. Li (2023), « Labor market exposure to AI : Cross-country differences and distributional implications », document de travail FMI.
30. A. Bergeaud (2024), « Exposition à l'intelligence artificielle générative et emploi : une application à la classification socio-professionnelle française », document de travail.

Les métiers localisés en haut à gauche sont les plus vulnérables à l'IA : à la fois fortement exposés et avec peu de tâches très difficiles à remplacer par l'IA. Ceux en haut à droite combinent une forte exposition à l'IA mais une part importante des tâches peu susceptibles d'être remplacées. On peut donc s'attendre à des transformations majeures de ces emplois : certains travailleurs plus formés pourraient être en mesure de tirer parti des nouvelles possibilités offertes par l'IA générative tandis que d'autres travailleurs pourraient faire face à une concurrence plus importante, augmentant ainsi les inégalités salariales au sein de ces professions. Les métiers se trouvant dans la partie inférieure du graphique, en particulier dans le quadrant inférieur droit, semblent globalement à l'écart de l'impact de l'intelligence artificielle.

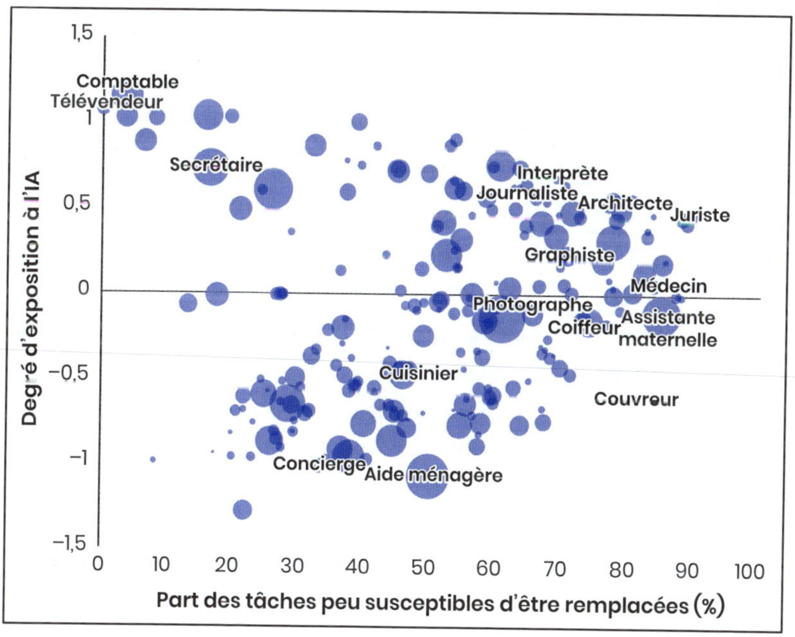

Graphique 7. Effet attendu de l'IA sur les métiers en France.

Source : A. Bergeaud (2024).

Lecture : plus les métiers sont situés sur le haut du graphique, plus ils sont exposés à l'IA ; plus les métiers sont situés sur la droite du graphique, moins la part de leurs tâches susceptibles d'être remplacées est importante.

Cette approche par l'exposition des tâches à l'IA a l'avantage de permettre d'estimer des effets agrégés au niveau de l'économie dans son ensemble, et de permettre des comparaisons entre pays. Toutefois, elle recèle plusieurs limites. Citons les deux principales. D'une part, c'est une approche statique : les études s'appuient sur les tâches existantes et ne tiennent donc pas compte des tâches qui pourraient être créées à la suite du développement de l'IA. Pour faire un parallèle, il était difficile d'imaginer que le métier de *data scientist* puisse prendre une telle place au début de la révolution numérique dans les années 2000, ou que le métier de dépanneur en électroménager puisse exister avant l'adoption massive de l'électricité au milieu du XXe siècle. D'autre part, cette approche repose sur une estimation de la probabilité de remplacement par l'IA des différentes tâches (voir l'encadré).

Pourquoi une étude de 2013 sur les effets de l'automatisation se trompait-elle ?

Une étude[31] parue en 2013 avait fait grand bruit en concluant que 47 % des emplois américains étaient menacés par l'automatisation sur un horizon de dix ou vingt ans. Dix ans plus tard, force est de constater que cette prédiction était erronée.

Cette étude partait de l'idée *subjective* que 70 professions seraient entièrement automatisées, c'est-à-dire que l'ensemble des tâches effectuées par ces professions pourraient être effectuées par des machines. Puis, à partir des caractéristiques de ces professions (types de tâches effectuées, compétences requises), l'étude calculait, pour les 632 professions restantes, une probabilité d'automatisation comprise entre 0 et 1. En choisissant le seuil de 0,7 pour conclure qu'une profession était menacée par l'automatisation, les auteurs en déduisaient le chiffre de 47 % d'emplois menacés.

31. Frey C. B., M. A. Osborne (2013), « The future of employment : How susceptible are jobs to computerisation ? », document de travail Oxford Martin School.

Plusieurs erreurs se sont glissées dans ce raisonnement. La première a été d'accorder une trop grande importance à la subjectivité, et de conclure un peu hâtivement à l'automatisation de certaines professions, comme les chauffeurs de poids lourds et de taxis, en pariant sur le développement rapide de la voiture autonome comme alternative parfaite aux chauffeurs. La seconde a été de confondre exposition à l'automatisation et risque de remplacement par l'automatisation. Les études précédemment mentionnées de l'OIT et du FMI évitent ces deux écueils.

On constate que les deux approches convergent vers des conclusions similaires : au total, le déploiement de l'IA dans l'économie devrait avoir un effet global positif sur le nombre d'emplois. Les prévisions catastrophistes sur la fin du travail ne sont pas plus crédibles que les prévisions du même type faites dans le passé. D'autant que même l'approche par tâche représente une borne haute pour l'impact de l'IA, puisqu'elle fait l'hypothèse qu'il est rentable d'automatiser toutes les tâches automatisables. Or cette hypothèse est loin d'être vraie aujourd'hui. La baisse du coût des systèmes d'IA ainsi que la possibilité de distribuer le même système IA à de très nombreux utilisateurs seront des facteurs clés pour déterminer l'impact de l'IA sur les tâches et les emplois.

Par ailleurs, cet effet global recouvrira des situations variées. Certaines professions pourraient connaître des réductions nettes d'emploi. Par exemple, dans le domaine de la culture et des médias, la part d'emplois exposés à l'IA est plus importante que dans d'autres secteurs. Pour le plus grand nombre de travailleurs, il s'agira d'évolutions des compétences et des tâches. Pour d'autres, une forte exposition à l'IA rime avec forte complémentarité avec l'IA, qui conduit à des spécialisations nouvelles, des formes d'expression ou de technicités nouvelles ou accrues. Cependant, il faut aussi s'attendre à ce que certains métiers disparaissent ou voient leurs

effectifs nettement réduits. La complexité des situations et des métiers ne permet pas de fournir une réponse uniforme et globale aux défis de l'IA. Des études plus précises sont nécessaires pour aborder la variété des secteurs, des chaînes de valeur et prendre en considération les statuts. Au-delà, il est essentiel d'organiser l'accès et le développement de la formation initiale et tout au long de la vie.

L'IA va-t-elle dégrader ou améliorer la qualité de vie au travail ?

> **L'IA peut augmenter la qualité de vie au travail y compris pour des travailleurs de la classe moyenne.** Certains utilisateurs de l'IA se déclarent plus épanouis et plus performants[32], car ils peuvent se débarrasser de tâches routinières et améliorer la qualité de leur travail. Cependant, des risques existent (surveillance, discrimination, intensification du stress, etc.). Les conséquences de l'IA sur la qualité de vie au travail dépendront de nos choix collectifs et de la qualité du dialogue social à son égard.

L'impact de l'IA sur la qualité de vie au travail peut être vu sous trois prismes : le contenu du travail, le risque de perdre son emploi, et les conditions de travail.

Concernant le contenu du travail, il est certain que la majorité des métiers va évoluer. La plupart des tâches seront transformées, d'autres seront supprimées, et de nouvelles tâches apparaîtront[33]. Ces transformations pourront concerner aussi bien des tâches relativement annexes, à faible valeur ajoutée (comme le fait pour un manager de rédiger une fiche de poste pour un recrutement),

32. OCDE (2023), *Perspectives de l'emploi* : 63 % se déclarent plus épanouis et 80 % font état d'une amélioration de leurs résultats.
33. Voir notamment l'étude de l'OIT et celle du FMI citées dans la section « L'IA : créatrice ou destructrice d'emplois ? », p. 66.

comme des tâches à forte valeur ajoutée, qui composent le cœur de métier.

Au sein d'une même profession, les gains de productivité semblent à ce jour bénéficier aux travailleurs les moins productifs. Par exemple, l'introduction d'une IA qui aide les chauffeurs de taxi à trouver des clients en leur suggérant des itinéraires sur lesquels la demande sera élevée permet d'accroître les recettes des chauffeurs les moins compétents, sans améliorer celles des plus expérimentés. Ce résultat se retrouve également dans le cas d'employés d'un service client[34] et de consultants d'un grand cabinet de conseil[35].

D'une certaine manière, là où les machines industrielles et les programmes informatiques « classiques » sont un condensé de savoir explicite, un système d'IA peut être un condensé de savoir implicite. Les machines et programmes suivent en effet des règles bien définies et elles ont conduit à l'automatisation et la disparition de métiers qui consistaient à suivre précisément ces règles (verser telle quantité de matière quand la température atteint tel seuil, découper une planche en acier de façon régulière, etc.). L'IA peut détecter des régularités là où nous ne savons pas les expliciter. Elle peut dans certains cas donner accès à chaque travailleur à l'intuition du meilleur expert, même quand celui-ci serait incapable d'expliquer d'où vient son intuition et donc de la transmettre. L'IA peut donc à la fois venir soulager des tâches routinières et irrégulières, mais aussi enrichir le travail et améliorer la qualité du travail que tout un chacun peut réaliser en autonomie.

À l'inverse, un mauvais usage des systèmes d'IA peut également introduire une surcharge mentale qui peut mener à un épuisement cognitif si le temps libéré par la machine se traduit pour

34. Brynjolfsson E., D. Li, L. Raymond (2023), « Generative AI at work », art. cit.
35. Dell'Aqua F., E. McFowland, E. Mollick, H. Lifshitz-Assaf, K. Kellogg, S. Rajendran, L. Krayer, F. Candelon et Lakhani (2023), « Navigating the jagged technological frontier : Field experimental evidence of the effects of AI on knowledge worker productivity and quality », art. cit.

le travailleur par du stress et par une hausse excessive de tâches complexes. Ces risques appellent une réflexion sur la redistribution des gains permis par l'IA, pouvant notamment permettre une réduction du temps de travail et un meilleur équilibre vie privée et vie professionnelle.

Les risques justifient aussi l'établissement de règles de gouvernance dans l'interaction entre travailleurs et machines. Le projet de règlement sur l'intelligence artificielle (*AI Act*) identifie précisément parmi les applications à haut risque l'IA destinée au recrutement, notamment le filtrage et la sélection des candidatures, et prévoit des obligations strictes pour ces applications. Les systèmes d'IA à haut risque devront également être conçus de manière que les personnes physiques puissent contrôler leur fonctionnement : c'est l'opérateur humain qui devra rester en charge de la décision finale.

Que se passe-t-il dans le reste du monde ? L'exemple des États-Unis[36]

Aux États-Unis, l'usage de l'IA par les employeurs est réglementé par diverses législations de niveau fédéral, qui encadrent l'utilisation de l'IA dans les processus de recrutement et visent à lutter contre les discriminations. Par exemple, la loi 144 à New York, entrée en vigueur en juillet 2023, exige la réalisation d'audits pour vérifier l'absence de biais dans les outils d'IA de recrutement et l'information des candidats quant à l'utilisation de tels outils.

Par ailleurs, on commence seulement à mieux comprendre les différentes interactions des travailleurs et du travail avec l'IA et les conditions augmentant les aptitudes et les compétences des travailleurs et améliorant les organisations de travail. Le déploiement des systèmes

36. Source : direction générale du Trésor, service économique aux États-Unis.

d'IA dans les organisations n'est pas le point d'aboutissement des processus d'innovation, mais plutôt un nouveau point de départ[37].

Concernant le fait de garder son travail, la diffusion de l'IA présente des atouts. Elle peut effectivement avoir un effet positif sur l'envie des travailleurs : les employés du service client et des professions qualifiées de services[38] (consultants, managers, etc.) qui utilisent de l'IA sont plus susceptibles de rester en poste, car l'IA augmente leur sentiment positif vis-à-vis de leur travail. Cependant, les consultants et les managers interrogés utilisant l'IA ont aussi une crainte plus élevée de perdre leur emploi. Ils voient eux-mêmes la technologie et les tâches qu'elle pourra réaliser à leur place. Il faut y ajouter la crainte de voir son entreprise disparaître si son secteur était bouleversé.

Concernant les conditions de travail (organisations de travail, pratiques managériales, relations de travail, rémunération, santé, sécurité), il fait peu de doute que le déploiement de l'IA conduira à l'émergence de nouvelles formes d'organisation et de coordination, comme les révolutions technologiques précédentes. La machine à vapeur a concentré l'industrie dans quelques usines et a conduit à rassembler un grand nombre de travailleurs sur un même lieu. Le moteur électrique a permis l'installation de nombreuses lignes et a facilité l'organisation du travail à la chaîne. Les technologies de communication ont facilité le télétravail et l'organisation de chaînes de production internationales, notamment par le biais de délocalisations d'activité.

Dans le domaine de la santé et de la sécurité au travail, les avancées de l'intelligence artificielle ouvrent des perspectives intéressantes en épidémiologie et en accidentologie et des possibilités nouvelles de supervision d'un environnement de travail, d'un chantier ou d'un

37. LaborIA (2023), « Étude des impacts de l'IA sur le travail. Synthèse générale du rapport d'enquête du LaborIA Explorer ».

38. Noy S., W. Zhang (2023), « Experimental evidence on the productivity effects of generative artificial intelligence », art. cit

site industriel par exemple, notamment par le recours à la maintenance prédictive[39].

En sens inverse, un mauvais usage des outils d'IA peut exacerber les risques professionnels et psychosociaux. Le développement du « management algorithmique » risquerait d'engendrer une perte d'autonomie au travail, une subordination déshumanisante à la machine, une surveillance excessive des travailleurs, un isolement des travailleurs et une perte du sens du collectif.

Une inconnue de taille reste l'impact que l'IA aura sur les salaires. Car les technologies ne font pas que transformer les métiers, elles modifient les pouvoirs de négociation et la valeur de certaines expertises, qui deviennent moins nécessaires ou moins rares. La révolution industrielle a facilité la production de certains biens et a ainsi réduit la rémunération des artisans. Elle a en revanche créé de nouveaux besoins, notamment pour tous ceux capables de faire fonctionner les machines et les organisations. Ces nouveaux emplois ont été au cœur de la « classe moyenne » des pays industrialisés. À leur tour, les technologies de l'information et de la communication ont bouleversé les conditions de travail. D'un côté, elles ont facilité l'automatisation de certaines tâches routinières manuelles ou cognitives et ont ainsi menacé certains emplois de la classe moyenne. De l'autre elles ont facilité la circulation et le traitement de l'information, augmentant la centralité des personnes les plus qualifiées et concentrant le pouvoir de décision entre leurs mains. Les trente dernières années ont ainsi vu une polarisation des salaires et plus largement des conditions de travail, y compris pour les personnes titulaires d'un diplôme du supérieur.

L'IA va-t-elle prolonger la même dynamique ? Les premiers résultats permettent d'espérer le contraire, puisqu'ils montrent que l'IA générative augmente plus la productivité des personnes les moins

39. INRS (2022), « L'intelligence artificielle au service de la santé et de la sécurité au travail. Enjeux et perspectives à l'horizon 2035 ».

qualifiées. Au-delà des résultats empiriques, c'est un espoir que l'on peut formuler[40] : en condensant l'intuition, le savoir implicite, l'IA pourrait aider les travailleurs ayant une certaine expérience et une formation de base à réaliser du travail à plus forte valeur ajoutée. Cette évolution permettrait de regarnir les rangs des emplois offrant de bonnes conditions de travail. Elle ne viendrait pas pour autant détruire la valeur de l'expertise. Après tout, ce n'est pas parce que chacun peut acheter des outils de plombier et de chauffagiste que nous ne manquons pas de ces compétences-là. Un outil n'a de valeur que combiné à certaines compétences.

Les conséquences positives de l'IA pour la qualité de vie au travail sont un scénario, et non une prévision. Elles dépendront de la manière dont elle est introduite dans les organisations.

Pour orienter le déploiement de l'IA dans des directions positives, une série d'initiatives ont été récemment lancées : engagement de développement de l'emploi et des compétences à l'échelle régionale dans les Hauts-de-France (Cité de l'IA) et à l'échelle nationale (« Perspectives IA »), élaboration de guides d'accompagnement, d'outils d'autodiagnostic, etc. Mais de nombreuses administrations, branches d'activité et entreprises n'ont cependant pas encore pris le temps d'analyser les conséquences de l'IA sur les processus de production et leur organisation du travail. Les études menées par le LaborIA[41] ou d'autres équipes de recherche sont précieuses, mais encore trop peu fournies.

Recommandation n° 2. Investir dans l'observation, les études et la recherche sur les impacts des systèmes d'IA sur la quantité et la qualité de l'emploi.

40. Autor D. (2024), « Applying AI to rebuild middle class jobs », *NBER Working Paper*.
41. Initiative commune du ministère du Travail, du Plein-Emploi et de l'Insertion et de l'Inria créée en 2021.

Pour éviter certaines conséquences négatives, le cadre juridique définit un socle incontournable de droits (droit du travail, droit de la protection des données personnelles, etc.), qui apparaît pour le moment suffisant pour assurer un déploiement de l'IA respectueux des travailleurs. La Cnil a ainsi pu avec le cadre actuel condamner Amazon à une amende de 32 millions d'euros pour « surveillance des salariés ». Le 23 janvier 2024, elle a considéré que mesurer chaque interruption de quelques secondes du scanner des salariés ou mesurer la vitesse d'utilisation du scanner lors du rangement était excessif, même au regard des enjeux de délais de livraison. Le même encadrement pourrait empêcher tout « management algorithmique » abusif. Il s'agit donc surtout de veiller à son caractère effectif.

Le développement rapide des systèmes d'IA, notamment générative, dans les organisations du travail ainsi que le recours non encadré au « management algorithmique » devront être abordés par les partenaires sociaux et par un dialogue social spécifique dans les entreprises et dans les administrations. En outre, les services d'inspection du travail devront être modernisés et renforcés. La formation de ses agents, ainsi que celle des agents qui veillent à la prévention des risques en matière de santé et sécurité au travail, doit être organisée.

Recommandation n° 3. Faire du dialogue social et professionnel un outil de coconstruction des usages et de régulation des risques des systèmes d'IA.

L'IA met-elle en danger la création artistique ?

> **Comme d'autres technologies avant elle, l'IA s'intègre dans les processus de création pour servir la création humaine.** Elle fragilise cependant le secteur car elle constitue un immense défi pour les créateurs, leurs compétences, carrières et rémunérations.

De Hollywood à Paris, de l'Europe à l'Inde, les créateurs et leurs organisations sont inquiets. Les modèles d'IA générative font penser que la création artistique est en danger, tant leur adoption a été rapide pour la génération de texte, d'image et de vidéo. La création est placée face au défi de l'IA qui, de requête en requête, demande à un logiciel (Dall-E, Midjourney, Adobe Firefly…) d'affiner une création de texte ou d'images, de créer ou résumer un texte, voire d'écrire ou figurer « à la manière de… ».

Cette prolifération d'« IA créatives » semble dresser un immense défi pour les créateurs, comme deux décennies plus tôt la démocratisation des publications personnelles sur le Web à côté des médias dits traditionnels. Cette précédente mutation a rendu moins étanches les frontières de l'amateur au professionnel. Les IA, notamment génératives, abaissent elles aussi les barrières de la création artistique. Mais elles font davantage que cela.

En matière d'emplois, de carrières, de revenus, l'apparition de l'IA n'est pas seulement une nouvelle concurrence. Pour bien des créateurs, auteurs, artistes, traducteurs ou comédiens, elle pose un enjeu existentiel, pouvant se traduire par une réduction d'activité, parfois par une substitution d'emplois. La baisse de revenus se profile, particulièrement pour les revenus complémentaires, ce qui pose la question des débuts de carrière dans la création. Même si le mouvement n'est pas général, c'est précisément pour cet enjeu social que les effets de l'IA sont débattus. Dès maintenant, sans formation

appropriée, les débuts et les évolutions de carrière paraissent très délicats.

Par ailleurs, l'utilisation des créations humaines protégées pour l'entraînement des IA génératives, lesquelles sont ensuite susceptibles de produire des contenus concurrents, pose des questions d'autorisation et de juste rémunération. De nombreux procès ont été engagés aux États-Unis pour l'utilisation non autorisée (et donc non rémunérée) de contenus protégés par le droit d'auteur lors de l'entraînement des IA génératives.

L'IA ne met cependant pas en danger l'originalité de la création en elle-même et ses processus de sélection. La production et la capacité de production des systèmes d'IA ne constituent qu'un matériau nouveau, accompagné des évolutions logicielles devenues habituelles pour la musique ou l'image. La panoplie des techniques de création s'enrichit. Des artistes emploient déjà et parfois depuis longtemps des IA qui viennent stimuler réflexion et imagination, permettre des expressions qui n'étaient pas possibles sans elles. Certains (pour le moment peu nombreux) ont déjà choisi ces chemins de découverte : Robbie Barrat, Justine Emard, Gregory Chatonsky, Pierre Giner, Benoît Carré, etc. De ce point de vue, la formation sera essentielle, pour ne pas laisser de côté une part majoritaire du secteur créatif.

Dans plusieurs domaines – musique, architecture, multimédia, etc. –, l'IA générative ne constitue pas une rupture. Elle s'ajoute à la longue histoire d'adoption de strates technologiques pour la composition, les arrangements, la conception, la production. Elle s'intègre dans des processus de création, qui passent de tous les univers possibles, par de multiples sélections et itérations, à une œuvre. Des usages d'IA peuvent accélérer des temps de création, ouvrir de nouveaux espaces, favoriser, nourrir, augmenter la créativité. D'ailleurs, le développement d'IA spécifiques, singulières et personnelles pour les artistes, permettrait d'identifier et d'approfondir un style propre.

Pouvant réduire des tâches répétitives ou de faible valeur et abaissant les barrières à l'entrée, l'IA permet de se concentrer sur les éléments les plus essentiels, de l'imaginaire ou de sa sortie, où la part de l'humain, sa création, devient encore plus rare et plus distinctive dans un régime de « mégabondance » de productions par IA. S'ouvrent ainsi deux chantiers. D'une part la nécessaire reconnaissance de la création humaine, son identification, son caractère irréductible qui tient à son originalité et mérite distinction et protection. D'autre part, la juste rémunération de la création humaine, indispensable à une réception harmonieuse de l'IA dans le secteur culturel.

L'IA peut-elle nuire à la qualité de l'information ?

> **L'information, au cœur de la démocratie, est chahutée par l'essor de l'IA.** Des actions sont nécessaires pour préserver la confiance et la qualité de l'information.

L'information n'est pas un bien ou un service comme un autre. Elle est un élément essentiel des démocraties, suppose la liberté de communication, fabrique l'opinion, le jugement et la citoyenneté. Pour que l'espace informationnel soit de confiance, les démocraties ont conçu, établi et protégé des responsabilités majeures : des publications de presse (diffamation, injures…), des sources (présence et éthique journalistiques, fiabilité et vérification des informations…), du lectorat.

Or l'IA a le potentiel de mettre en cause l'activité des entreprises de presse et par conséquent le rôle fondamental qu'elles jouent dans la production d'une information fiable et pluraliste. De nouveaux médias à base exclusive d'IA, sans respect de ces responsabilités, cherchent déjà à se positionner comme concurrents des médias « traditionnels ». Des sites fournissent des informations non

fiables, générées par des IA et portant souvent des noms destinés à faire croire qu'il s'agit de contenus produits par des journalistes. S'ajoutent des robots plagiaires qui utilisent de manière irrégulière les contenus publiés par les médias traditionnels pour produire des articles, sans créditer leurs sources et sans rémunération.

Le risque démocratique tient à des enjeux techniques et de disponibilité des données de qualité : à mesure que la production d'information de qualité s'affaiblira dans un univers où les IA favorisent la multiplication de médias, il y a un risque que les modèles d'IA s'entraînent de manière croissante sur les *posts* de réseaux sociaux ou de sites d'information manipulée. Le risque est aujourd'hui perçu comme celui d'un cercle vicieux reposant sur l'éviction progressive de l'information produite et vérifiée par des professionnels au profit d'une information réalisée à faibles coûts sur de fausses informations.

Par ailleurs, la polarisation de la qualité de l'information est à l'œuvre. D'un côté, on observe que les plus gros acteurs de l'information (agences de presse, titres à notoriété mondiale, groupes de médias) peuvent passer des accords avec des fournisseurs d'IA, ou bien les poursuivent en justice pour les usages antérieurs non autorisés (en violation du copyright) à des fins d'entraînement d'IA (exemple : Getty Images, *New York Times*...), parce qu'ils mesurent la valeur économique de leurs contenus et de leur mission d'information. De l'autre, bien des médias ne peuvent pas installer des IA spécialisées sur leurs propres contenus. Le risque consiste donc à accentuer une information à deux vitesses : d'une part, une information de qualité, et payante, issue de grands groupes de médias ; et d'autre part, une information médiocre, parfois inexacte, fondée sur des modèles d'IA généralistes.

Enfin, l'IA renforce la propagation d'informations qui n'en sont pas et permet la création d'assistants personnels, favorisant la fragmentation de l'information et la création de « bulles » d'informations.

Face à de tels défis, les acteurs de l'information du monde entier se sont mis en marche : création de chartes (Reporters sans frontières),

identification des images et des textes produits par l'IA (Google, Meta et d'autres), etc. De même, la lutte contre le parasitisme et la violation des droits, l'identification des informations non fiabilisées et la lutte contre les infox (*deepfakes*) supposent des investissements continus. Il faut aussi assurer une traçabilité de l'information, conformément aux responsabilités fondamentales de l'information dans une démocratie. Ces exigences portent leur lot de difficulté, à commencer par l'interaction entre l'exigence de véracité et de traçabilité, puisqu'un contenu labellisé comme « généré par une IA » est automatiquement vu comme moins crédible[42]. C'est parce qu'elles sont difficiles qu'elles nécessitent un investissement collectif.

Faut-il diffuser l'IA des autres ou créer la nôtre ?

> **La France et l'Union européenne doivent se mobiliser pour diffuser les systèmes d'IA mais ne peuvent pas se contenter d'utiliser ceux développés à l'étranger.** Pour tirer les bénéfices de l'IA et en maîtriser les risques, nous devons être acteurs de la révolution technologique en cours.

Ce sont les Babyloniens qui se sont servi les premiers des tables de multiplication. Fallait-il utiliser leurs tables de multiplication ou créer les nôtres ? Cette question nous semble farfelue et personne en France ne songe à annoncer la création de tables de multiplication souveraines. En quoi l'IA serait-elle différente ? Les systèmes d'IA sont loin d'être une technologie neutre comme peuvent l'être les tables de multiplication, qui sont les mêmes pour tout le monde.

42. Tous les contenus générés par une IA ne sont pas faux et tous les contenus faux ne sont pas générés par une IA. Wittenberg C., Z. Epstein, A. J. Berinsky, D. G. Rand (2023), « Labeling AI-generated content », *MIT Topical Policy Brief*.

D'abord, les modèles d'IA sont effectivement imprégnés des données qui servent à les entraîner, et des référentiels culturels présents dans ces données. Un Français vous dira que Clément Ader a réalisé le premier vol en avion, alors qu'un Américain répondra que ce sont les frères Wright. ChatGPT, pour sa part, répondra les frères Wright, qu'il soit interrogé en France ou aux États-Unis : 93 % des données d'entraînement de GPT-3 proviennent de textes en langue anglaise[43]. Les outils à base d'IA auront une influence croissante sur notre société, il est donc important de maîtriser leur référentiel culturel.

Ensuite, le déploiement des systèmes d'IA dans les secteurs sensibles (défense, énergie, recherche, etc.) pose une question de souveraineté. Connaître les données d'entraînement des modèles, leur fonctionnement, leurs fragilités et leurs atouts est un prérequis pour y déployer avec confiance l'IA.

Enfin, si toutes les administrations, les entreprises et les particuliers en France recourent à des outils étrangers, une partie croissante de notre richesse bénéficiera à ces fournisseurs, dégradant notamment notre balance commerciale. C'est ce qui s'est passé avec la précédente vague d'innovation technologique (ordinateurs, logiciels, Internet) : notre balance commerciale dans le numérique affiche un déficit d'au moins 22 milliards d'euros (en 2019, année pré-Covid[44]), à mettre en regard du déficit commercial français global, toutes filières confondues, de 23 milliards d'euros !

En sens inverse, c'est dans le déploiement très rapide des outils d'IA que nous tirerons beaucoup de valeur, pour nos services publics comme pour nos entreprises. La France ne peut pas attendre de disposer d'outils européens pour tirer les bénéfices de l'IA, en particulier le gain annuel de 1,5 point de productivité présenté

43. Brown T. B., B. Mann, N. Ryder, M. Subbiah, J. Kaplan, P. Dhariwal, A. Neelakantan, P. Shyam, G. Sastry, A. Askell (2020), « Language models are few-shot learners », *Advances in Neural Information Processing Systems*.

44. Données provenant de la « Boîte à outils de l'OCDE sur la transformation numérique ».

précédemment (voir « L'IA nous rendra-t-elle plus prospères ? », p. 55). Il est même peu probable que notre continent puisse à moyen terme disposer d'une maîtrise complète de la technologie. Au total, sans choisir une approche autarcique de l'IA qui serait délétère, la France et l'Europe doivent donc être des acteurs de la révolution technologique en cours et de sa chaîne de valeur. Autrement dit, ne nous fermons pas aux IA créées par d'autres, mais engageons-nous en même temps dans la création de nos propres maillons technologiques et modèles d'affaires, différenciés et compétitifs au niveau international. Nous devons avoir une vision dynamique : au fil des ans et du renforcement de notre expertise, notre approvisionnement pourra être de plus en plus européen.

L'IA devrait-elle rester entre les mains de quelques acteurs ?

> **On ne peut pas se satisfaire que seules quelques entreprises maîtrisent l'IA.** Soutenir un écosystème ouvert de développeurs d'IA a des bénéfices de transparence, de pluralisme et de concurrence, sans causer de risques spécifiques.

Les progrès en IA sont le produit à la fois d'efforts massifs d'entreprises privées et d'une communauté de recherche très ouverte où chercheurs et développeurs contribuent ensemble aux briques qui permettent de construire ces systèmes. En ce qui concerne les modèles de fondation qui sont la base de l'IA générative, un article fondateur a été publié par une équipe de Google en 2017[45], tandis qu'OpenAI a été créée avec le but explicite de faire progresser la recherche ouverte en IA, mais ni l'une ni l'autre ne publie plus

45. Vaswani A. *et al.* (2017), *Attention Is All You Need : 31st Conference on Neural Information Processing Systems*

leurs modèles de façon ouverte. Pour leur part, Meta et Mistral ont fait le choix d'une ouverture partielle de leurs modèles. En Chine, Alibaba et 01.AI continuent de publier leurs modèles, tandis que Baidu a arrêté de publier son modèle Ernie[46].

Ce panorama révèle une tension au sein de l'écosystème : d'un côté l'ouverture permet d'élargir le cercle des contributeurs, de démocratiser l'IA et sa diffusion ; de l'autre, elle réduit le contrôle de la technologie et augmente le risque d'une utilisation inappropriée ou malicieuse. Certains plaident même pour un « registre » des systèmes d'IA afin de limiter leur « prolifération ».

Cette réflexion n'est pas nouvelle en informatique. Elle forme le cœur du débat autour de l'*open source*. Un logiciel *open source* est un logiciel dont le code est public, permettant à n'importe qui de l'utiliser, de l'inspecter, de le modifier ou de le partager. Des protocoles *open source* permettent de lire et recevoir des e-mails, et la plupart des serveurs de la planète ne sont pas équipés de Windows, mais du système d'opération *open source* Linux.

L'*open source* est donc présent dans beaucoup des outils numériques que nous utilisons. Outlook ou Gmail s'appuient sur des briques *open source*, mais ils ne sont pas eux-mêmes *open source*, à la fois pour des raisons économiques et pour assurer un certain degré de contrôle sur l'expérience utilisateur. L'*open source* et les solutions propriétaires sont donc complémentaires à bien des égards.

Si le débat n'est donc pas récent, l'IA présente deux caractéristiques particulières. D'abord l'IA pourrait causer des risques importants, ce qui justifierait d'être plus précautionneux qu'avec une messagerie. Ensuite, l'ouverture d'un système d'IA n'est pas binaire, mais se fait le long d'un « gradient » d'ouverture.

Faut-il encourager le développement de modèles de fondation ouverts dans l'IA ? Pour y répondre, il faut regarder précisément

46. Baidu est le moteur de recherche chinois, Alibaba un leader du e-commerce et 01.AI une start-up fondée par Kai-Fu Lee.

les risques mentionnés, la comparaison avec les modèles fermés, et les bénéfices de l'ouverture. Il faut également garder en tête que certains des garde-fous intégrés dans les modèles fermés peuvent aujourd'hui être contournés[47].

Pour les risques biologiques et cyber, rien n'indique que les modèles ouverts posent plus de risques que des modèles fermés. Un modèle donne accès à des informations en virologie et bactériologie, mais il n'apparaît pas davantage faciliter la production d'une arme biologique qu'un simple moteur de recherche[48]. En revanche, les modèles ouverts réduisent de 70 % le coût de production de désinformation[49] et facilitent la création d'images non consenties. Ces capacités sont néanmoins déjà à la portée des modèles actuels, diffusés largement sur Internet. Restreindre le développement de modèles ouverts ne diminuera donc pas le risque.

Dans l'ensemble, notre Commission considère que les modèles de fondation ouverts ne posent pas de risque supplémentaire significatif par rapport aux modèles fermés. En revanche, ils appellent, comme les modèles fermés, à investir dans des contre-mesures, comme sur la cybersécurité et la désinformation.

Par ailleurs, il ne faut pas négliger les bénéfices des modèles ouverts pour la société, y compris en matière de gestion des risques. La transparence facilite l'évaluation par des tiers et permet de mobiliser la communauté pour améliorer et sécuriser les modèles. L'ouverture contribue aussi à la diffusion de l'IA[50], puisqu'elle facilite la personnalisation des modèles, et donc leur adaptation à différents contextes. Elle réduit l'empreinte environnementale,

---

47. Henderson P. *et al.* (2024), « Safety risks from customizing foundation models via fine-tuning », *Stanford HAL Policy Brief.*
48. Mouton C. A., L. Caleb, E. Guest (2024), *The Operational Risks of AI in Large-Scale Biological Attacks*, RAND Research Report.
49. Musser A. (2023), « A cost analysis of generative language models and influence operations », *Computers and Society.*
50. Ding J. (2024), « The diffusion deficit in scientific and technological power : Re-assessing China's rise », *Review of International Political Economy*, 31 (1), p. 173-198.

puisqu'elle évite que chacun ne réentraîne son propre modèle de fondation. Enfin, l'ouverture abaisse les barrières à l'entrée et permet l'entrée de nouvelles entreprises. Les pays qui contribuent plus à l'*open source* créent plus de start-up, et elles sont de meilleure qualité[51]. Plusieurs grandes entreprises de technologie (MongoDB, Huggingface, Confluent, etc.) ont ainsi fait de l'*open source* le cœur de leur stratégie, tout en monétisant leur technologie par ailleurs.

Comment réaliser les bénéfices de l'ouverture des modèles d'IA ?

Il faut s'assurer que l'écosystème puisse réellement utiliser, inspecter, modifier et partager des systèmes. Cela dépendra d'abord des modalités d'accès aux modèles, de leur degré de transparence et des capacités d'évaluation des tiers.

Pour qu'un système soit réutilisable et partageable, il faut pouvoir télécharger le code qui constitue le modèle, mais aussi les poids qui sont les paramètres résultant de l'entraînement et d'une licence permissive[52]. Pour pouvoir inspecter le système ou le modifier à bon escient, le code du modèle ne suffit pas. Il faut disposer des outils pour le modifier, connaître aussi les techniques et les données utilisées pour l'entraîner[53]. L'accès et la transparence dessinent ainsi un gradient d'ouverture des systèmes d'IA.

Être en faveur de l'ouverture ne signifie pas s'opposer aux modèles fermés, mais plutôt soutenir l'écosystème ouvert pour qu'il produise des briques et des systèmes d'IA de qualité, réutilisés du fait de leur qualité. Il est probable que demain cohabiteront systèmes d'IA ouverts, systèmes partiellement ouverts, systèmes fermés, systèmes d'IA ouverts intégrés dans des interfaces propriétaires, etc.

---

51. Wright N. L. *et al.* (2023), « Open source software and global entrepreneurship », *Research Policy*, 52 (9), 104846.

52. PaLM 2 de Google est ainsi fermé, et ChatGPT-4 n'est accessible que de façon limitée *via* une API. Llama 2 de Meta est téléchargeable avec une licence qui autorise la réutilisation commerciale sauf dans les services ayant plus de 700 millions d'utilisateurs.

53. Le Stanford Transparency Index liste ainsi 100 indicateurs de transparence des modèles d'IA.

Ce dont l'écosystème d'IA ouverte a besoin, ce n'est pas d'un jardin protégé, mais d'une sécurité juridique (éviter que des contributeurs individuels soient responsables de l'utilisation de leur modèle par une entreprise), de denrées rares comme des données riches, et de certaines briques qu'aucune entreprise ne voudra publier ouvertement. Le soutien public devrait se concentrer sur des briques peu intenses en capital ou sans intérêt pour des acteurs privés comme l'affinage dans des langues rares.

Recommandation n° 4. Porter une stratégie de soutien à l'écosystème d'IA ouverte au niveau international en soutenant l'utilisation et le développement de systèmes d'IA ouverts et les capacités d'inspection et d'évaluation par des tiers.

L'IA met-elle en danger la planète ?

Tout dépend de l'utilisation que l'on fait de l'IA. L'utilisation des modèles implique une hausse de la consommation énergétique, même si elle est en partie compensée par les bonds dans leur efficacité énergétique. Cependant, les modèles d'IA peuvent accélérer l'innovation verte et ainsi lutter contre le réchauffement climatique.

La consommation énergétique nécessaire à l'entraînement des grands modèles de langue a retenu l'attention. En 2019, une étude a montré que les émissions de gaz à effet de serre liées à l'entraînement aux États-Unis d'un des premiers grands modèles de langue étaient du même ordre de grandeur que celles d'un vol entre New York et San Francisco[54]. L'augmentation de la taille des modèles accroît

54. Strubell E., A. Ganesh, A. McCallum (2019), « Energy and policy considerations for deep learning in NLP ».

rapidement ces émissions dès lors que l'approvisionnement énergétique est polluant. En sens inverse, les gains croissants d'efficience dans la microélectronique et l'entraînement des modèles réduisent ces émissions à performance égale[55].

L'empreinte carbone des modèles d'IA ne vient pas que de leur entraînement mais de l'ensemble de leur cycle de vie : la fabrication et le transport des équipements (20 à 30 % de l'empreinte) ; le développement et l'utilisation du modèle (50 à 60 % : entraînement et inférence) et les déchets (10 à 20 %). L'utilisation croissante de l'IA augmente par ailleurs son impact énergétique. Dans le cas d'un modèle comme ChatGPT utilisé par plus de 10 millions d'utilisateurs quotidiens, si la consommation énergétique de chaque requête reste relativement faible, la consommation énergétique totale de l'inférence dépasse celle de l'entraînement au bout de quelques semaines d'utilisation[56].

Au total, l'IA pourrait consommer 85 à 134 térawattheures d'électricité en 2027, soit une consommation équivalente à celle de l'Argentine ou de la Suède[57]. Ces chiffres, qui reposent sur une approche indirecte, doivent être considérés avec prudence. Surtout, la consommation énergétique représente un tel coût dans l'entraînement et l'inférence que tous les acteurs cherchent à améliorer leur efficience énergétique. En 2023, une requête Google augmentée à l'IA coûterait dix fois plus en énergie qu'une requête classique. Il est difficile d'imaginer cette technologie déployée ainsi aux 5 milliards d'utilisateurs de Google. Il est même certain que le coût de chaque requête sera un champ central de la compétition autour des systèmes d'IA. À ce titre, les modèles spécialisés consomment aujourd'hui moins d'énergie que les modèles à usage général, et de nombreuses

55. Luccioni S. (2023), « Towards measuring and mitigating the environmental impacts of large language models ».

56. Luccioni S. *et al.* (2023), « Power hungry processing : Watts driving the cost of AI deployment ? ».

57. Vries A. (2023), « The growing energy footprint of artificial intelligence », *Joule*, 7 (10), p. 2191-2194.

pistes sont explorées, que ce soit pour améliorer les modèles, trouver de nouvelles architectures ou de nouveaux modèles. Augmenter la transparence sur l'impact énergétique des modèles d'IA permettrait aux utilisateurs de faire des choix éclairés et de peser au-delà des incitations économiques.

En ce qui concerne l'impact environnemental non énergétique, il vient principalement de la production des processeurs utilisés dans la puissance de calcul, et notamment de l'extraction et de l'utilisation d'eau, de silice et de terres rares dans la production. Le prix élevé des processeurs spécialisés pour l'IA ne doit toutefois pas faire oublier qu'ils constituent une part très faible des processeurs produits mondialement. En 2022, ils représentaient moins de 1 % des processeurs de moins de 7 nanomètres, et moins de 0,00026 % de tous les processeurs produits[58].

L'impact environnemental de l'IA doit être mis en regard de ses potentiels bénéfices. Grâce à la capacité d'optimiser des processus complexes, l'IA pourrait permettre de réduire fortement les émissions de gaz à effet de serre dans de nombreux secteurs : énergie, transports, agriculture, logement… Par ailleurs, l'IA pourrait accélérer la transition écologique en diminuant la dépendance au sentier de l'innovation[59]. Une récente étude[60], réalisée à partir de données de brevets, met justement en évidence cet effet. Des cas concrets d'accélération de l'innovation apparaissent[61], mais doivent encore être soutenus.

58. Heim L., K. Pilz (2024), « What share of all chips are high-end data center AI chips? », blog.heim.xyz.

59. Une entreprise qui a innové dans les technologies polluantes dans le passé va plus aisément continuer à innover dans ces technologies, car elle y a acquis des avantages (compétences de l'équipe de chercheurs, maîtrise de l'industrialisation, etc.).

60. Andres P., E. Dugoua, M. Dumas (2022), « Directed technological change and general purpose technologies : Can AI accelerate clean energy innovation ? », document de travail LSE.

61. L'IA permettrait par exemple aux avions de réduire de 54 % les traînées qu'ils laissent dans leur sillage, elles-mêmes responsables de 35 % des émissions en volume. Google (2023), « How AI is helping airlines mitigate the climate impact of contrails ».

Recommandation n° 5. Faire de la France un pionnier de l'IA pour la planète en renforçant la transparence environnementale, la recherche dans des modèles à faible impact, et l'utilisation de l'IA au service des transitions énergétique et environnementale.

Y a-t-il une bulle dans l'IA générative ?

Probablement, mais la bulle contribue à attirer des investissements sur des projets risqués. Lorsque la bulle éclatera, cela ne sera pas la preuve que l'IA générative ne sert à rien, mais qu'elle ne sert pas à tout. Il s'agira alors de maintenir le cap des investissements dans l'IA pour faire émerger un solide écosystème européen.

En matière de financement, 2023 a été une année exceptionnelle pour les start-up d'IA générative. Celles-ci ont levé 22 milliards de dollars en 2023, contre 4,3 milliards de dollars en 2022, 4,5 milliards de dollars en 2021, et moins de 2 milliards de dollars par an auparavant[62]. En d'autres termes, les deux tiers de tous les investissements reçus par les start-up de l'IA générative ont eu lieu en 2023 ! Parallèlement, l'investissement en capital-risque dans les start-up continuait de chuter, atteignant 224 milliards de dollars en 2023, contre 655 milliards de dollars en 2021.

Cet afflux de financement reflète bien l'effervescence de ce secteur, qui s'accompagne de son lot de start-up aux produits ou aux modèles d'affaires incertains. Le réflexe est d'y voir une « bulle », c'est-à-dire un emballement déraisonnable d'investisseurs et d'entrepreneurs guidés par le mimétisme.

62. Données Dealroom.

Du point de vue financier, une bulle existe lorsque le prix (d'une action, d'une entreprise, d'un secteur) excède largement sa « valeur fondamentale ». Pour savoir s'il y a une bulle dans l'IA générative, il faudrait donc estimer la valeur future des entreprises et des produits qui sont financés aujourd'hui. Or nous sommes au début du déploiement de l'IA générative. Il est probable que beaucoup des produits d'IA générative financés aujourd'hui ne seront ni utiles ni rentables. Cette euphorie est toutefois normale et nécessaire au début d'une révolution technologique. Elle correspond à une « phase d'installation » d'une nouvelle technologie[63], celle où tout semble possible, où les bénéfices semblent sans limites, où les secteurs craignent d'être disruptés et où il y a beaucoup à apprendre. Cette phase permet de financer les premières innovations en dépit de l'incertitude. L'effervescence autour de l'IA générative a été comparée plusieurs fois en 2023 à une « ruée vers l'or ». Elle correspond bien plus à l'emballement qui a accompagné le développement du chemin de fer au XIXe siècle, ou au développement des usages en ligne durant la bulle Internet.

Cette phase d'installation est souvent suivie d'un « tournant », à partir duquel les usages pertinents de la technologie seront plus clairs. La bulle éclate alors, les valorisations des entreprises diminuent, et l'investissement est redirigé vers les entreprises et les projets utiles et rentables. Nous verrons probablement dans les prochaines années quelques faillites spectaculaires dans le domaine de l'IA générative. Des entreprises très bien financées ne trouveront pas leur marché et perdront leur pari. En parallèle, d'autres entreprises réussiront leur pari et trouveront leur marché.

L'éclatement de la bulle ne sera pas la preuve que l'IA générative ne marche pas, mais que certains usages ne marchent pas, ou pas encore. Après l'éclatement de la bulle Internet, les Européens se sont

---

63. Perez C. (2002), *Technological Revolutions and Financial Capital*, Edward Elgar Publishing.

détournés du numérique. Les diplômés sont partis dans le secteur financier et les gouvernements n'ont pas fait du numérique une priorité, quand la Silicon Valley continuait d'investir dans le numérique. Il y a probablement une bulle dans l'IA générative, mais ne reproduisons pas la même erreur à son éclatement : tout en laissant les entreprises non viables disparaître, gardons le cap des investissements en IA.

Doit-on se préparer à une IA plus intelligente que nous ?

> **Oui, nous pouvons nous préparer à un avenir où les machines dépasseront les humains dans de très nombreux domaines.** Cette supériorité arrivera progressivement et à un horizon temporel incertain. Il nous revient d'agir collectivement pour limiter les risques associés à cette évolution et en tirer tous les bénéfices pour l'humanité.

Avec l'intelligence artificielle générative, une étape importante dans l'histoire de l'innovation a été franchie. Cette étape est loin d'être la dernière. Dans les mois, années et décennies à venir, nous devrions connaître de nouvelles avancées rapides et de grande ampleur. Les modèles seront progressivement capables d'être factuels, de s'adapter aisément à des cas d'application de plus en plus pointus, de générer de la voix et des vidéos dans toutes les langues avec précision, de mener des raisonnements, de faire des mathématiques, de comprendre le monde physique autour de nous.

Ces évolutions seraient permises par la poursuite de la massification des données disponibles, sous l'effet notamment de la multiplication des capteurs sur les objets connectés et embarqués (voitures, robots…), mais aussi dans l'espace (constellations de satellites) et dans les océans. Elles seraient également accélérées par la baisse du coût de la puissance de calcul, contribuant à la fois à la généralisation

de l'utilisation des systèmes d'IA et à la précision croissante des modèles. Elles seraient probablement facilitées par une combinaison d'approches technologiques, mêlant l'apprentissage automatique et l'approche symbolique de l'IA.

D'ici à la fin de la décennie, il est vraisemblable que les systèmes d'IA accompagnent les humains en continu et dans toutes les tâches, personnelles ou professionnelles. Cet appui pourrait en particulier prendre la forme de puissants assistants personnalisés, qui accompliront des tâches rébarbatives, appuieront la réflexion et la prise de décision, et accéléreront le travail de groupe.

Nous pouvons également nous attendre à ce que la robotique fasse des bonds de géant. La complexité du monde réel en trois dimensions, les difficultés des interactions avec l'environnement et les inerties sociétales ne font néanmoins pas entrevoir une immédiate massification de l'usage des robots. La voiture à conduite automatisée, dont la démocratisation est sans cesse reportée, illustre la double difficulté de lever les verrous technologiques et de déployer effectivement les systèmes automatisés en situation réelle. Ce n'est pas parce que les machines réalisent aujourd'hui des tâches qui nous semblent complexes qu'elles sauront demain faire aussi ce qui nous est simple. C'est tout le paradoxe souligné depuis 1988 par Hans Moravec : « Le plus difficile en robotique est souvent ce qui est le plus facile pour l'homme. »

Au fur et à mesure des progrès technologiques, les machines dépasseront les humains dans des domaines sans cesse plus nombreux. Ce dépassement par la machine est parfois appelé intelligence artificielle *générale*. La notion est très débattue et aujourd'hui loin de faire consensus. Elle cherche à décrire des systèmes d'IA très performants, dotés de capacités à la fois étendues (d'où l'expression d'IA générale) et pointues[64]. Selon toute vraisemblance, il y aura

---

64. Ringel Morris M., J. Sohl-Dickstein, N. Fiedel *et al.* (2024), « Levels of AGI : Operationalizing progress on the path to AGI ».

une amélioration progressive des systèmes d'IA et la supériorité ne sera pas soudaine. Nos assistants personnalisés devraient être progressivement de plus en plus compétents. Leur utilisation sera de plus en plus aisée et discrète, par exemple par la disparition des interfaces que nous connaissons aujourd'hui (écran et clavier) au profit d'interfaces plus naturelles.

Les transformations sociétales que susciteront ces innovations dépendront de notre ambition et de notre engagement. L'IA peut être mise au profit de la réduction des inégalités sociales, de la prospérité collective, de la qualité du travail par la suppression des tâches les plus ingrates, du progrès scientifique au bénéfice de l'humain (de son intelligence, de sa santé, de son alimentation, de sa vie démocratique...) et de son environnement (optimisation des procédés industriels, nouvelles formes d'énergies, nouvelles technologies de décarbonation, etc.). Dans cette version de notre avenir, l'humain aurait progressivement accès – grâce à des outils numériques personnalisés et puissants – à un ensemble de connaissances, de biens et de services qui lui paraissaient jusqu'alors hors de portée.

Ces bénéfices ne seront pas spontanément obtenus. Seuls un projet politique et un engagement collectif permettront de les obtenir. Car, à l'inverse des gains présentés précédemment, un avenir dystopique peut aussi se dessiner. Un avenir où les bulles informationnelles et les influences cognitives affaiblissent notre démocratie. Un avenir où de nombreux travailleurs ne trouvent pas leur place vis-à-vis de machines toujours plus compétentes. Un avenir où la concentration des technologies les plus avancées entre les mains de quelques acteurs altère notre souveraineté et absorbe la majeure partie de la valeur produite par notre économie.

Le chemin que la France et l'Europe emprunteront n'est pas encore tracé. C'est à nous qu'il revient de définir un projet politique de société et de forger les applications de l'IA qui y sont conformes. C'est à nous qu'il revient de tirer parti de l'IA, en investissant stratégiquement dans la maîtrise de la technologie et de sa chaîne

de valeur. Le plan d'action recommandé par notre Commission s'attache à baliser les premiers kilomètres du chemin à parcourir. Aller au-delà nécessitera de la constance dans l'action, de la plasticité de nos institutions (publiques et privées), ainsi qu'un travail continu d'anticipation et de préparation.

2

Humanisme, souveraineté, responsabilité : innovons, déployons et maîtrisons l'IA

Humanisme : plaçons l'IA à notre service

Faire du dialogue social et de la coconstruction la pierre angulaire du recours à l'IA

La diffusion de l'IA est prise dans un face-à-face entre « techno-prudents » et « techno-enthousiastes » qu'il est facile de caricaturer. Les premiers craignent que l'IA ne renforce les inégalités, dégrade la qualité de vie au travail et ne profite, *in fine*, qu'à une minorité. Ils exigent donc de pouvoir définir comment les systèmes d'IA seront conçus et déployés. Les seconds disent avoir besoin d'aller vite, d'expérimenter pour trouver les bons usages, les bons produits, d'avoir le champ libre en somme[1].

À ce stade, deux choses sont certaines. D'une part, nous avons besoin d'expérimenter, de tâtonner avec l'IA afin de trouver la façon d'en tirer tous les bénéfices. Et ce d'autant plus si nous voulons trouver les « bonnes » façons de déployer l'IA, celles qui viendront améliorer le quotidien des travailleurs. D'autre part, cette expérimentation n'est pas seulement une question d'outils, mais aussi de formation et d'organisation du travail. Le filage du coton mécanique n'a augmenté la productivité dans le secteur textile qu'à partir du moment où le secteur s'est réorganisé autour de grandes usines textiles pouvant tirer parti de ces nouvelles

1. Le fondateur d'Uber, T. Kalanick, était allé jusqu'à en faire un mantra : « *Move fast and break things* » (« Aller vite et tout casser »).

machines[2]. L'électricité n'a permis d'augmenter la productivité dans les usines qu'à partir du moment où elles se sont réorganisées (voir « L'IA nous rendra-t-elle plus prospères ? », p. 55).

Pour tirer tout le potentiel de l'IA, nous devons trouver comment concilier le rythme rapide de l'expérimentation et le rythme nécessairement moins soutenu de nos compétences et de nos organisations. Le dialogue social est indispensable pour encourager l'usage de l'IA, pour discuter des finalités et du sens des transformations technologiques, pour développer la capacité d'apprentissage des organisations et pour concevoir des plans de formation adaptés. La participation de l'ensemble des parties prenantes est une condition incontournable du déploiement des nouvelles technologies dans une perspective d'émancipation, d'autonomisation et d'amélioration des conditions de travail, notamment par la réduction de tâches ingrates[3].

La diffusion de l'IA sera un atout clé pour renforcer la compétitivité et l'emploi des entreprises (voir « L'IA, créatrice ou destructrice d'emplois », p. 66). Elle ne se fera pas sans un dialogue social, basé sur la confiance réciproque, l'expérimentation et la coconstruction. Pourtant, alors que les effets sur le monde du travail des précédentes vagues numériques sont profonds, les travailleurs et leurs représentants sont aujourd'hui peu associés aux choix technologiques et organisationnels sur les lieux de travail comme sur le plan national.

Le droit à l'information[4] et l'avis éclairé des représentants des salariés sur les transformations au travail sont en pratique peu mobilisés par les entreprises et les administrations. Cela tient à ce que l'intelligence artificielle et le numérique en général sont présentés

---

2. Juhász R., M. P. Squicciarini, N. Voigtländer (2020), « Technology adoption and productivity growth : Evidence from industrialization in France », *NBER Working Papers*.
3. Commission internationale, Olivier Blanchard et Jean Tirole (2022), *Les Grands Défis économiques*, PUF.
4. Accords européens sur les transitions numériques signés par les partenaires sociaux en 2020 pour les entreprises et en 2022 pour les administrations.

comme des sujets techniques avant tout, que les travailleurs et les employeurs ont du mal à appréhender. Les acteurs sociaux ne sont pas assez informés ni formés à ces enjeux et à ces outils. Les directions des systèmes d'information (DSI), d'une part, et des ressources humaines et des relations sociales, d'autre part, agissent souvent en silos. La faiblesse de la coconstruction peut devenir une source d'inquiétude voire de rejet pour les travailleurs et accroître le sentiment de précarité et la crainte du déclassement.

Que se passe-t-il dans le reste du monde ? L'exemple du Canada[5]

Au Canada, l'usage des systèmes d'IA par les employeurs est de plus en plus sensible et a conduit à des revendications dans le cadre de mouvements sociaux d'ampleur au cours de l'année 2023 : grève des fonctionnaires fédéraux, grève d'employés portuaires... En particulier, les dockers des ports de Colombie-Britannique et les employés de la chaîne de distribution Metro ont revendiqué un plus fort encadrement du recours à l'automatisation. Les salariés des trois grands constructeurs automobiles (Ford, General Motors, Stellantis) portent également, au-delà de leurs demandes salariales, des revendications en matière d'automatisation et de sous-traitance.

Le gouvernement fédéral a présenté en septembre 2023 un code de conduite volontaire visant le développement et une gestion responsable des systèmes d'IA générative avancés. Le code de conduite s'articule autour de six principes : la responsabilisation, la sécurité, la justice, la transparence, la surveillance humaine et la fiabilité. L'application de ce code est volontaire, plusieurs entreprises du monde l'ont déjà signé.

5. Source : direction générale du Trésor, service économique au Canada.

Pour que le dialogue social puisse intégrer les enjeux de l'IA, faciliter son expérimentation et sa diffusion, deux caractéristiques doivent être réunies. Premièrement, les partenaires sociaux doivent être des interlocuteurs formés[6] et actifs dans les instances où sera discuté le déploiement de l'IA. Secondement, ce dialogue social technologique doit s'insérer dans un processus itératif qui caractérise les projets d'IA. Pour aller plus loin, l'IA elle-même pourrait être mise au service du dialogue social. Des outils à base d'IA générative peuvent être développés avec les partenaires sociaux pour aider les salariés à mieux comprendre des débats techniques, qu'il s'agisse de technique informatique, financière ou juridique. Ces outils d'IA, par exemple sous la forme d'une instance simple de dialogue, pourraient intégrer une part commune à toutes les entreprises (Code du travail, etc.) et une part spécifique à l'organisation dans laquelle est placé chaque travailleur (convention collective, règlement intérieur de l'organisation, etc.) et à ses représentants syndicaux. L'outil pourrait contribuer à accroître la connaissance des droits et la compréhension des transformations en cours ou encore à améliorer la préparation des réunions (conseils d'administration, comité social d'entreprise, élections des représentants, etc.). Lors des négociations sociales, l'IA peut aussi contribuer à analyser et exploiter d'immenses quantités de données et ainsi appuyer la négociation.

Former : sans délai, massivement et en continu

LA FORMATION INITIALE

Les besoins actuels et à venir en IA nécessitent un vaste plan de formation pour tous et à tous les âges de la vie. Plus précisément, les enjeux de formation recouvrent trois besoins différents : former des

6. Voir par exemple le projet « Dial IA », conduit par l'Institut de recherches économiques et sociales (IRES), qui vise à déployer une méthodologie faisant du dialogue social technologique au travail un levier opérationnel de la transformation numérique.

personnes en mesure de concevoir et développer des solutions d'IA, former des personnes capables de déployer ces solutions d'IA au sein de leurs entreprises, et sensibiliser plus généralement l'ensemble de la population à la culture et la compréhension des grands principes de fonctionnement de l'IA.

Comme nous l'avons évoqué précédemment (voir « L'IA : créatrice ou destructrice d'emplois ? », p. 66), les entreprises investissant dans des compétences en IA embauchent davantage de profils plus diplômés et plus techniques, en particulier en faveur des emplois dits « STIM » (science, technologie, ingénierie et mathématiques). Cela concerne aussi bien les entreprises qui conçoivent les solutions d'IA que les entreprises qui les adoptent. Plus précisément, une étude[7] réalisée à partir de données danoises examine les besoins de formations adéquates pour la production d'IA d'un côté et l'adoption d'IA de l'autre. Elle montre que les entreprises productrices d'IA, qui vendent un produit ou service « contenant de l'IA », recrutent davantage des étudiants ayant des formations en informatique, en mathématiques ou en physique, tandis que les entreprises qui déploient l'IA sans la développer en interne ciblent des profils « STIM » plus appliqués ayant notamment des formations en chimie, biologie ou biotechnologie.

Du côté de la demande de compétences spécifiques à l'IA, une récente étude de l'OCDE[8] permet de fournir un ordre de grandeur des besoins. Cette étude constate que les offres d'emploi en ligne qui requièrent des compétences en IA représentent 0,35 % des offres postées en France. Parmi ces « offres d'emploi IA », 69 % concernent les secteurs de l'informatique et des activités spécialisées, et se rattachent donc majoritairement au développement de solutions d'IA, tandis que les 31 % restants se rattachent au déploiement

7. Humlum A., B. Meyer (2020), « Artificial intelligence and college majors », document de travail.

8. Borgonovi F. *et al.* (2023), « Emerging trends in AI skill demand across 14 OECD countries », *OECD Artificial Intelligence Papers*.

de l'IA au sein des autres secteurs. Cette seconde catégorie recouvre les personnes ayant une formation permettant d'adapter l'IA aux usages spécifiques d'une discipline comme la santé, le droit ou la physique, ce qu'on nomme parfois les profils « X + IA ». Par ailleurs, le nombre total d'« offres d'emploi IA » est en progression d'environ 45 % entre 2019 et 2022.

Que peut-on en déduire pour la France ? Si l'on projette une évolution similaire pour les dix années à venir et que l'on suppose que la répartition entre développement et déploiement restera similaire, les offres d'emploi en développement d'IA et en déploiement d'IA devraient représenter respectivement 1 et 0,5 % de l'ensemble des offres en 2034. En projetant une évolution des besoins de main-d'œuvre estimés par Pôle emploi pour les dix prochaines années similaire à celle connue au cours des dix dernières, on aboutirait à un besoin de l'ordre de 56 000 postes par an en développement d'IA et 25 000 postes par an en déploiement d'IA (« X + IA »).

Il est donc nécessaire de calibrer l'offre de formation initiale aux besoins en compétence en IA d'aujourd'hui et de demain. En 2021, un rapport de la Cour des comptes estimait à 16 687 le nombre de places dans des formations spécialisées en IA au niveau bac+3. Pour répondre aux besoins en développement d'IA, il faudrait donc au moins tripler ce chiffre au cours de la décennie à venir.

Pour déployer l'IA dans l'économie, le besoin de 25 000 personnes par an en 2034 correspond à former chaque année environ 1,5 % de l'ensemble des étudiants du supérieur à des compétences « X + IA », soit par la création de filières spécifiques, soit par la création d'un module IA avancé au sein des différentes filières, comme le préconisait déjà le rapport Villani.

Un second type de profil, indirectement lié à l'IA, semble nécessaire au déploiement de l'IA au sein des entreprises : celui de personnes chargées de l'infrastructure du système d'information disposant de connaissances indispensables à l'IA, notamment sur la collecte et le

traitement des données, pour tirer le meilleur parti du déploiement des solutions d'IA au sein des entreprises. On utilise parfois le terme « MLOps » pour décrire ce type de profils. En 2023, alors que Pôle emploi indique un besoin de main-d'œuvre de 12 180 postes dans les services informatiques qualifiés, 16 959 étudiants sont inscrits en cycle ingénieur dans le domaine « informatique et sciences informatiques ». Afin de répondre au besoin de formation, il serait donc nécessaire au minimum de former l'ensemble des étudiants des filières informatiques spécialisées aux enjeux de l'IA en lien avec leur activité. Étant donné que les besoins dans les services informatiques ne concernent pas tous l'IA, et qu'ils ne vont pas tous disparaître, il faudrait probablement viser une augmentation du nombre d'inscrits dans ces formations de 25 %, pour atteindre 20 000 étudiants.

À tous les besoins spécifiques de formation de développement et de déploiement de l'IA s'ajoute le besoin de sensibilisation de tous, adultes et jeunes générations. Par ailleurs, la faible part des femmes au sein des diplômés des filières STIM (31 % en 2019), mais plus encore au sein de la filière « informatique et sciences informatiques » (19 % des inscrits en 2023), soulève de forts enjeux en termes d'emploi et d'inégalités de rémunération entre hommes et femmes en parallèle de la diffusion de l'IA. La sensibilisation en amont à tous les publics en est d'autant plus importante, afin d'attirer des étudiantes au sein de ces filières.

L'État a encouragé les établissements d'enseignement supérieur à développer des formations dans ce sens grâce à deux appels à manifestation d'intérêt (AMI). Les AMI « compétences et métiers d'avenir » et « IA Cluster » (ce dernier étant actuellement ouvert) visent à structurer la filière de formation de l'IA afin de consolider une dizaine de pôles d'excellence et de tripler le nombre d'étudiants formés à l'IA. Ces AMI incluent également une part de formation continue et de déploiement de modules d'initiation à l'IA permettant de toucher les étudiants de diverses disciplines.

Ces investissements vont permettre une montée en puissance significative du nombre de profils formés à l'IA dans les prochaines années, mais cela ne sera effectif que si les formations proposées sont attractives et trouvent leur public.

Les formations financées par les AMI présentent toutefois une limite : elles ne concernent pas tous les étudiants d'une génération notamment en raison d'une répartition qui ne couvre pas tout le territoire et d'un manque de formateurs spécialisés en IA. Une évaluation à trois ans des résultats de ces AMI sera nécessaire pour vérifier la réalité de la montée en puissance. Pour autant, il apparaît dès à présent essentiel de poursuivre les efforts engagés pour toucher un public le plus large possible. Des pistes peuvent être envisagées *via* notamment le partage de cours en ligne ou encore par un plan de formation ambitieux d'enseignants-chercheurs de toutes les disciplines. La Commission recommande par ailleurs de s'appuyer plus largement sur les professionnels du secteur, probablement prêts à participer à l'effort de formation, à condition qu'il fasse une part importante à la pratique, cruciale dans ce secteur.

En outre, pour s'assurer que les formations proposées attirent suffisamment d'étudiants, il est nécessaire d'agir en amont de l'enseignement supérieur pour acculturer les élèves aux enjeux de l'IA au fur et à mesure de leur scolarité. Certains programmes scolaires incluent déjà des apprentissages explicites de l'IA : le projet de programme de technologie de collège, l'enseignement scientifique du tronc commun du bac général ou encore le programme de la spécialité « sciences de l'ingénieur » du baccalauréat général. Toutefois, ces éléments d'apprentissage ne forment pas un cursus progressif d'apprentissage touchant tous les élèves. Une réflexion doit être menée pour identifier la contribution de chaque discipline enseignée et permettre à tous les élèves (qu'ils soient de la voie professionnelle, technologique ou générale) de bénéficier d'un apprentissage en lien avec l'IA.

Recommandation n° 6. Généraliser le déploiement de l'IA dans toutes les formations d'enseignement supérieur et acculturer les élèves dans l'enseignement secondaire pour rendre accessibles et attractives les formations spécialisées.

LA FORMATION CONTINUE

En complément de la formation initiale et de l'enseignement supérieur, mais aussi des politiques de recrutement et de réorganisation du travail, la formation professionnelle continue sera un outil indispensable pour faire face à la transition profonde des métiers que l'intelligence artificielle impliquera. Ce mouvement est renforcé par l'IA générative mais n'est pas nouveau. À titre d'illustration, le groupe La Poste a démarré en 2015 la formation au numérique et l'a inscrite dans le pacte social de l'entreprise. Un budget spécifique de formation (500 millions d'euros sur cinq ans) a été établi et le catalogue de formation s'est progressivement enrichi sur l'IA. Le nouveau plan stratégique 2020-2030 prolonge cette action. Le travail paritaire doit être engagé afin d'anticiper les transformations des métiers et les évolutions du contenu des métiers, mais aussi d'identifier les formations nécessaires.

L'enseignement majeur de notre consultation citoyenne : le besoin de formation

De mi-décembre 2023 à mi-janvier 2024, notre Commission a mené une consultation citoyenne en ligne, afin de mieux comprendre les attentes et les craintes en matière d'IA. Nous avons recueilli 6 917 réponses[9]. Parmi les résultats clés de l'enquête,

9. La consultation a été conduite sur l'application Agora avec l'appui du Centre interministériel de la participation citoyenne. Les profils des participants sont diversifiés mais ne

apparaît en particulier le besoin d'information et de formation à l'IA dans l'environnement professionnel.
La majorité des participants ne craint pas de voir leur emploi disparaître ou dévalorisé par l'émergence de l'IA (notons qu'une part plus importante de femmes, d'ouvriers et de professions intermédiaires partage cette inquiétude). Cependant, les répondants ont majoritairement indiqué des difficultés à s'exprimer sur les effets tangibles de l'IA dans leur métier. Ils sont ainsi nombreux à avoir exprimé leur besoin de mieux comprendre les bénéfices qu'ils pourraient tirer de l'IA et les cas d'application concrète pour utiliser ces outils au travail. Après la formation, les répondants ont souligné l'importance du dialogue social.

L'IA semble également promise à un rôle important, voire prépondérant, dans le secteur de la formation professionnelle continue. En matière de conception pédagogique d'abord, afin de structurer des contenus et d'organiser des idées pour aller vers un plan de formation ou aider à concevoir des outils pédagogiques. Pendant la formation où l'intelligence artificielle permettra, comme assistant virtuel au service des apprenants, d'individualiser les parcours. Pour l'accompagnement et le tutorat pédagogique postformation enfin. Par exemple, certaines formations d'ingénieur logiciel intègrent dès aujourd'hui les modèles de langue pour apprendre à coder.
Pour l'instant, selon l'OCDE, les offres d'emploi qui requièrent des compétences en matière d'intelligence artificielle ne représentent qu'un nombre limité de toutes les offres d'emploi (OCDE, 14 pays), dont moins de 1 % aux États-Unis en 2022, le pays où cette proportion est la plus élevée. Néanmoins, leur croissance est très rapide dans tous les pays ou presque. L'OCDE souligne aussi

peuvent pas être considérés comme pleinement représentatifs de la population française (par exemple, les hommes ont été plus nombreux à répondre que les femmes).

que la demande d'emplois liés à l'intelligence artificielle est très concentrée en termes de secteurs et de métiers, avec des différences entre l'Europe et les pays anglo-saxons.

Tout en étant volontariste, la puissance publique doit faire preuve d'humilité dans ce domaine. Les entreprises ont *a priori* intérêt à former leurs salariés aux nouvelles compétences. Si elles ne le font pas, ou pas encore, c'est aussi que le flou règne encore sur les enjeux de compétences et de formation professionnelle continue pour les métiers transformés par l'introduction de l'IA. Ce flou ne se lèvera que progressivement. Là où le soutien public sera utile, c'est pour appuyer la cartographie continue des besoins et des modalités de formation, pour apporter de la lisibilité dans une offre pléthorique, et pour assurer la formation des demandeurs d'emploi.

> **Recommandation n° 7.** Investir dans la formation professionnelle continue des actifs et les dispositifs de formation autour de l'IA.

Dans le secteur de la culture et des médias, l'impact de l'IA sur l'emploi (4 % de l'emploi total) est déjà analysé comme important, d'autant que 40 % des emplois artistiques et culturels relèvent du reste de l'économie (luxe, publicité, design industriel, automobile, etc.). Le niveau d'exposition à l'IA est globalement plus élevé que pour l'ensemble des professions, en particulier pour ces emplois artistiques et culturels hors des secteurs culturels.

Les effets de substitution existent déjà (traducteurs, doubleurs) avec des formes de déclassement (perte du statut d'auteur, mutation d'activité à la baisse de compétences et risque de plus faibles revenus). Ils devraient s'étendre – à une échéance mal connue – à de nombreux emplois où l'automatisation est possible : professions artistiques dans les secteurs non culturels. Dans les secteurs artistiques et culturels, la complémentarité peut jouer un rôle plus

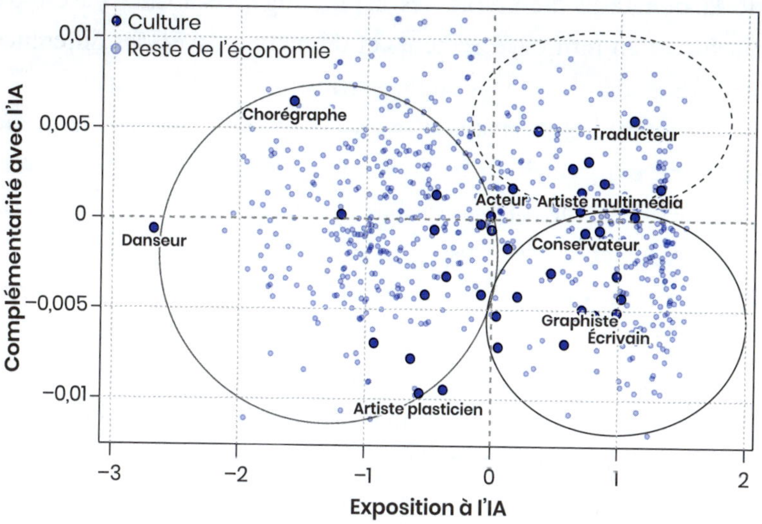

Graphique 8. Exposition et complémentarité des professions artistiques à l'IA.

Source : calculs d'A. Bergeaud pour la Commission IA (2024).
Lecture : plus les métiers sont situés sur la droite du graphique, plus ils sont composés de tâches susceptibles d'être automatisées par de l'IA ; plus les métiers sont situés sur le haut du graphique, plus ils sont complémentaires de l'IA, car ils mélangent tâches automatisables et tâches non automatisables.

important avec un moindre risque de substitution : activités « augmentées » grâce à l'IA et temps dégagé pour des activités plus créatives et distinctives. C'est selon la complémentarité à l'IA que peut se former une polarisation des professions, dans l'univers déjà concurrentiel des talents.

Pour une large part, les distinctions de carrières et de stabilité d'emploi devraient dépendre des statuts (salariés/indépendants ; privé/public) et de la taille des employeurs. S'y déterminent les conditions d'accès à la formation professionnelle pour accompagner les carrières. L'enjeu est immédiat. À plus long terme se jouent les parcours des carrières qui se font selon des durées spécifiques et des statuts variés, où la complémentarité des emplois est essentielle. Déjà, des métiers y sont confrontés (pigistes et free-lance

graphistes)[10]. Ils sont dans des domaines où l'IA se déploie vite, comme la presse[11] ou la communication, où des tâches sont substituables par les systèmes d'IA qui les réaliseront à meilleur coût. Favoriser l'adaptation de l'emploi artistique et culturel suppose de réunir très vite les conditions de formation, en particulier des jeunes générations, pour faire de la France et de ses créateurs un lieu d'excellence. Dans un univers avec l'IA, la création originale, la spécialité culturelle ont toutes chances de devenir une ressource rare au moment du développement de « petits » modèles ou de l'accès généralisé aux « grands modèles ». Il convient de renforcer la formation initiale professionnalisante dans l'enseignement supérieur spécialisé et la recherche en favorisant les passerelles entre création, recherche, technologie, projets économiques et sociaux et culturels.

La reconfiguration de l'économie dans son ensemble par l'introduction dans un régime technologique dominé par l'IA place la création dans une position cruciale. Déjà très concurrentielle et très recherchée, la création va devoir se placer à la croisée de mutations technologiques rapides et d'évolution des modèles économiques.

> **Recommandation n° 8.** Former les professions créatives à l'IA, dès les premières années de l'enseignement supérieur et en continu.

10. Reshef O., X. Hui, L. Zhou (2023), « The short-term effects of generative artificial intelligence on employment : Evidence from an online labor market », *Cesifo Working Papers*.
11. Beckett C., M. Yaseen (2023), *Generating Change. A Global Survey of What News Organisations Are Doing With AI*, LSE JournalismAI.

Équiper les agents publics : une opportunité pour transformer l'administration

Le numérique volant au secours du service public n'est pas une figure nouvelle. Si la dématérialisation des démarches en ligne a bien progressé, la transformation numérique reste incomplète. Le déploiement de l'IA est une opportunité pour relancer cette transformation, à condition de lever les freins qui continuent d'empêcher une réelle transformation numérique du service public. Car ce sont les mêmes freins qui empêcheront de tirer parti de l'IA et de parier sur un foisonnement d'initiatives.

Le service public devrait être un des premiers bénéficiaires du numérique. De fait, du point de vue du citoyen, la dématérialisation des services publics et de leurs démarches a largement progressé ces dernières années. Plus des trois quarts des 250 procédures les plus utilisées sont dématérialisés[12], et 79 % des Français pensent que la dématérialisation des services publics leur simplifie la vie[13]. Mais elle s'est accompagnée pour certains d'un sentiment de déshumanisation et d'éloignement du service public[14]. Pour les agents publics, cette dématérialisation a des effets ambigus, car ils sont encore 51 % à trouver leur environnement numérique moyen (32 %), mauvais (14 %) ou médiocre (5 %)[15].

Trop souvent, la transformation numérique s'est arrêtée à la dématérialisation des démarches, sans transformer en profondeur la circulation de l'information, ou le traitement des demandes. Les promesses de personnalisation (et donc d'humanisation) du service public, de rapidité de traitement, de simplification du travail des agents n'ont pas été tenues. Les démarches à réaliser à la naissance d'un enfant

---

12. Observatoire des démarches en ligne.
13. Étude en ligne réalisée par Ipsos pour Sopra Steria, en septembre 2019, auprès de 6 000 personnes dans 6 pays, représentatives de la population nationale âgée de 18 ans ou plus.
14. Défenseur des droits (2019), *Dématérialisation et inégalités d'accès aux services publics.*
15. Direction interministérielle du numérique (2021), « Baromètre numérique de l'agent ».

sont nombreuses et complexes, et il reste frustrant de devoir apporter à chaque service public les pièces justifiant qu'un enfant est né et qu'il est bien le vôtre. Certes, des initiatives prometteuses sont en cours (« Dites-le-nous une fois », « administration proactive », etc.), mais la frustration est d'autant plus grande qu'en comparaison nos vies numériques sont de plus en plus intégrées.

L'IA est l'occasion pour les services publics d'aller plus loin dans leur transformation. Elle promet en effet de personnaliser le service public, de le rendre plus efficient, et l'IA générative promet de fluidifier la communication avec les utilisateurs. Une IA générative pourrait bientôt réexpliquer plusieurs fois dans un langage accessible quelles sont les démarches à faire pour inscrire son enfant dans une école, ou pour remplir sa déclaration de revenus. Un agent pourrait même les réaliser pour vous. Au rectorat de l'académie de Lyon, l'IA Cassandre propose depuis septembre 2023 aux 40 gestionnaires des ressources humaines de la direction des personnels enseignants des réponses aux questions posées par les 45 183 enseignants de l'académie sur l'affectation des stagiaires et les mutations à l'intérieur de l'académie. Les enquêtes montrent une très large appréciation positive de l'outil, dont l'utilisation sera étendue en 2024.

Que se passe-t-il dans le reste du monde ? L'exemple de la Suède

La plateforme Platsbanken.se, le plus grand site d'offres d'emploi en ligne de Suède, et gérée par l'équivalent suédois de France Travail, a évalué la mise en place grâce à l'IA de recommandations d'emploi ciblées, basées sur l'historique des recherches d'emploi des demandeurs[16]. Les demandeurs d'emploi ayant accès aux recommandations cliquent et postulent davantage

16. Le Barbanchon T., L. Hensvik, R. Rathelot (2023), « Experimental evidence on the productivity effects of generative artificial intelligence », *Working Paper*.

aux offres recommandées, conduisant à un effet positif sur le taux de réemploi d'environ 0,6 %. Bien qu'il soit difficile d'extrapoler et de transposer, une augmentation similaire en France conduirait à l'embauche d'un peu plus de 12 000 demandeurs d'emploi. Mais le principal gain réside probablement dans le temps libéré pour les agents, qui peuvent renforcer leur accompagnement sur d'autres axes.

Ainsi, l'IA et singulièrement l'IA générative peuvent libérer les agents de tâches répétitives, ou chronophages, tout en améliorant la qualité de service. Par sa simplicité d'utilisation, l'IA générative offre l'occasion de libérer la créativité des agents en permettant d'expérimenter la technologie à leur niveau sans avoir toujours besoin d'un système spécifique. Une enseignante peut d'ores et déjà utiliser une IA générative pour l'aider à concevoir un déroulé de formation ou faire varier un exercice.

Les services publics peuvent se fixer deux niveaux d'objectifs vis-à-vis de l'IA. Le premier consiste à déployer des systèmes d'IA remplissant un objectif précis : répondre à des usagers, simplifier un message, résumer une vidéoconférence, faire une analyse financière, etc. Le deuxième vise à repenser le service public à partir de ses missions, des besoins des usagers et des capacités offertes par l'IA. Par exemple, en imaginant un compagnon nous assistant dans toutes nos démarches pour notre enfant.

Le premier niveau correspond à la dématérialisation dans la transformation numérique de ces vingt dernières années. Le second à une profonde transformation de nos services publics.

Pour réussir le déploiement de l'IA dans les services publics, le premier niveau, les services publics auront besoin des mêmes ingrédients que pour la transformation numérique :

- **une vision claire des objectifs du service**, permettant d'évaluer l'apport de l'IA, d'ajuster de façon continue les systèmes

face aux retours d'expérience, de gérer les risques et de répartir les rôles entre développements publics et rôle des acteurs privés ;

- **la confiance des agents et des usagers pour expérimenter**, ce qui nécessitera de prendre en charge la responsabilité sans se dédouaner sur l'outil ;
- **des personnes** capables de concevoir, piloter, produire ou acheter ces systèmes d'IA ;
- **des données**, pour entraîner ou réentraîner un modèle, mais aussi plus simplement pour déployer les outils à base d'IA dans le processus de travail ;
- **des infrastructures robustes**, facilitant la circulation des données, des référentiels communs, la sécurité des applications et leur mise à jour régulière.

Des efforts ont été engagés ces dernières années, notamment pour renforcer les compétences numériques de l'État et investir dans une infrastructure *cloud*. Ils doivent être poursuivis, car ils ne montreront leur impact que dans la durée. La fragmentation des infrastructures d'hébergement numériques publiques coûte cher, réduit la flexibilité en cas de pic de charge, empêche d'accéder à certains outils de développement, de test, d'intégration, réduit l'attractivité du service public pour les talents techniques et rend plus difficile l'amélioration des applications. Et, point crucial pour l'IA, elle freine la collecte et la circulation des données. La transformation du service public par l'IA n'avancera pas sans un saut dans les efforts d'investissements numériques publics, à la fois en qualité et en quantité[17].

Ces ingrédients ne dessinent toutefois pas une stratégie, qui devra éviter deux écueils : d'une part le « grand projet IA », destiné à tout faire, à tout remplacer, développé loin des agents, des usagers et de la réalité du service public ; d'autre part, le « tout-ChatGPT », dans

17. Les investissements numériques ne représentent que 3 % des investissements de l'État en 2019. Cour des comptes (2020), « La conduite des grands projets numériques de l'État ».

lequel un robot conversationnel universel commercial et étranger deviendrait la seule utilisation de l'IA dans le service public.

Entre ces deux écueils, les services publics doivent tracer un chemin combinant maîtrise technologique, maîtrise des coûts, foisonnement des expérimentations et transformation profonde. La Commission propose quatre axes : (i) clarifier les objectifs et la répartition des rôles entre services publics et fournisseurs privés ; (ii) mutualiser des investissements dans l'IA ; (iii) renforcer la capacité de pilotage et d'exécution ; (iv) donner aux agents et citoyens les moyens de s'impliquer dans cette transformation.

Dès 2024, les services publics devront décider s'ils utilisent des solutions d'IA sur étagère, s'ils entrent dans des partenariats avec des entreprises, ou s'ils redéveloppent leurs propres outils. Selon la logique de « plateforme publique » déjà appliquée dans la santé ou l'éducation, un travail sur le « pourquoi » (leur mission et leurs objectifs) est indispensable afin d'en déduire le « quoi » (les briques, services et jeux de données à développer) et le « comment » (la répartition des rôles entre différents acteurs publics et privés, l'implication des agents et des usagers, la considération des enjeux éthiques)[18].

Les solutions sur étagère auront l'avantage de la performance, de la simplicité, étant disponibles immédiatement, voire s'intégrant directement dans les outils des agents (suite bureautique, moteur de recherche). Mais elles présentent des risques, au premier rang desquels la fuite de données[19]. Le sujet n'est pas anodin. Certains ministères ont déjà interdit l'utilisation des outils d'aide au développement informatique, qu'il s'agisse du Copilot de GitHub ou de GPT-4. Les développeurs informatiques recrutés (avec peine !) pour

18. Feuille de route du numérique en santé, 2019-2022 et 2023-2026, Stratégie numérique pour l'éducation, 2023-2027.

19. Une circulaire de 2021 interdit déjà l'utilisation au sein de l'État de Microsoft 365 sur un *cloud* de Microsoft, ce qui empêchera d'utiliser le module Copilot basé sur la technologie d'OpenAI. Les collectivités locales et les hôpitaux ne sont pas concernés.

réinternaliser et maîtriser le numérique au sein de l'État se voient donc privés d'outils bientôt incontournables pour tout codeur. Les services publics devraient donc rapidement se doter de chartes d'utilisation et de contractualisation de solutions d'IA sur étagère afin d'encourager les agents publics à se saisir de ces outils[20], d'autant plus quand ils sont gratuits pour un usage occasionnel.

Les solutions sur étagère auront toutefois des limites, soit parce qu'elles ne s'insèrent pas dans des outils existants, soit parce qu'elles ne sont pas adaptées à certains usages sensibles. Il serait délicat de demander à ChatGPT de résumer une note à destination d'un ministre par exemple. Mais il serait absurde que chaque ministère et chaque collectivité redéveloppe ou rachète une IA capable de résumer une note sans en faire fuiter les données. La chaîne de production de l'IA générative, faite de réentraînement et de raffinage de modèles, se prête particulièrement bien à la mutualisation.

Le projet Albert, lancé à l'automne 2023, illustre bien cette dynamique. Cette IA générative permet notamment de faire du résumé de texte dans un langage administratif et sera bientôt intégrée à des outils collaboratifs existants. Dès 2024, Albert sera expérimenté au sein des guichets de services publics de proximité – les maisons France services – afin d'aider des usagers dans leurs démarches.

Albert est une brique qui peut être ensuite affinée avec des données propriétaires, insérée dans des interfaces spécifiques à chaque service public. Les services publics pourraient identifier ensemble d'autres fonctionnalités à mettre en commun, notamment là où ils auront à la fois un besoin partagé entre plusieurs services, et relativement spécifique par rapport au secteur privé. La simplification du langage administratif, l'accompagnement dans les démarches pourraient être de premières pistes.

---

20. L'Académie de la transformation numérique du gouvernement du Québec, portée par l'Université de Laval, est un exemple intéressant pour développer les compétences et diffuser une culture numérique au sein des services publics.

Pour donner un accès large à ce service d'IA générative, mettre en place une infrastructure adaptée à l'IA et éviter les doubles investissements, notre Commission recommande également que soit renforcée la capacité de pilotage et d'exécution technique dans les services publics. Au niveau interministériel, une réelle direction technologique devrait pouvoir apporter non seulement de la doctrine, mais aussi des infrastructures de qualité (hébergement, puissance de calcul, usine logicielle, identité numérique[21], etc.), de l'expertise, et du budget de transformation. À l'heure où l'État cherche à réinternaliser des compétences et à les faire circuler entre ministères, il faut qu'il renforce sa capacité à produire du numérique de qualité.

Dans tous les services publics, le numérique et l'IA doivent être portés au bon niveau par les administrations et le politique, au-delà de simples fonctions support ou projets *ad hoc*. De la même façon que tout service public a en tête les contraintes et les possibilités du cadre juridique, le vecteur du numérique et celui de l'IA doivent devenir incontournables dans l'élaboration et la conduite des politiques publiques. Trop souvent, les décisions à haut niveau se concentrent sur le design d'une interface plutôt que sur la rapidité de l'application, sa résistance aux pics de charge ou la mesure de sa qualité. Trop souvent, des décisions d'élaboration ou de mise en œuvre sont prises sans réfléchir au bon vecteur numérique, alors que de meilleures solutions existent et sont équivalentes du point de vue de l'objectif de politique publique[22]. Les campagnes de tests et de vaccination contre le Covid-19 n'auraient pas été possibles sans prévoir la remontée des données au niveau national et sans coopérer en amont avec les éditeurs de logiciels

21. Comme dans le cas du programme France Identité numérique, il n'est pas nécessaire que le niveau interministériel opère toutes ces infrastructures mutualisées, tant que l'opérateur sait prendre en compte les besoins des autres administrations.

22. Ce problème n'est pas spécifique à la France. Voir Pahlka J. (2023), *Recoding America*, Metropolitan Books.

des professions libérales pour qu'ils puissent communiquer les données.

Au-delà du pilotage, l'arrivée de l'IA pourrait être l'occasion de donner aux agents publics la capacité de transformer leur propre travail, plutôt que d'en subir la transformation d'en haut. Des outils permettent aujourd'hui de concevoir un outil numérique sans coder. « Démarches simplifiées » a ainsi permis aux services de dématérialiser 32 468 démarches sans coder, dans l'État comme dans les collectivités locales. Le service public gagnerait à équiper ainsi les agents d'IA configurables pour qu'ils les déploient eux-mêmes, qu'il s'agisse de solutions sur étagère ou spécifiques au service public. Si les agents s'approprient l'IA, les usages foisonneront et permettront d'identifier plus rapidement là où l'IA a de la valeur. Le projet LLaMandement de la Direction générale des finances publiques, qui facilite grandement le traitement des amendements du projet de loi des finances, a ainsi été suggéré par un agent du métier impliqué sur les enjeux de transformation numérique.

Cette prise en main par les agents eux-mêmes permettrait aussi de mieux définir où placer « l'humain dans la boucle ». Il est indispensable qu'un usager du service public puisse toujours s'adresser à une personne ou un service responsable d'une décision. Mais il y a souvent à gagner tant en qualité qu'en efficacité de traitement en automatisant certaines tâches. La bureaucratie, faite de règles, de processus et d'égalité de traitement, entre parfois en tension avec les objectifs d'humanisation et de personnalisation du service public. En permettant d'automatiser les tâches bureaucratiques et de dégager du temps aux agents pour leur mission de service public, l'IA offre une voie de réconciliation.

Les citoyens eux-mêmes pourraient être amenés à contribuer aux services publics à partir d'IA, que ce soit pour définir leurs modalités de fonctionnement ou pour participer à leur construction. Leur implication est cruciale pour éviter que la transformation des services publics par l'IA ne renforce la centralisation bureaucratique,

inexplicable et distante. À Taïwan, des « assemblées d'alignement » ont ainsi été réunies pour définir des règles de déploiement et de comportement d'IA dans le service public. Des initiatives de ce type pourraient être déployées en France, prolongeant les expériences de concertation déjà menées dans le numérique dans la santé et l'éducation par exemple.

La dématérialisation des services publics a parfois été synonyme de déshumanisation, tant pour les usagers que pour les agents forcés de faire rentrer leur service dans les cases précises d'un processus rigide. L'IA, et notamment l'IA générative, peut être l'occasion d'une réhumanisation des services publics, en rapprochant le service public des usagers et en permettant aux agents d'être acteurs de l'amélioration de leur travail.

> **Recommandation n° 9.** Renforcer la capacité technique et l'infrastructure du numérique public afin de définir et de passer à l'échelle une réelle transformation des services publics grâce au numérique et à l'IA, pour les agents et au service des usagers.

Mieux soigner grâce à l'IA : l'accompagnement individualisé des patients

La transformation du système de santé par l'IA n'est pas à venir, elle a déjà commencé. L'IA est déjà présente dans de nombreux dispositifs médicaux afin d'améliorer l'analyse et les procédés cliniques. Les progrès dans la vision par ordinateur ont permis des progrès dans la robotique chirurgicale, dans l'analyse de radiographies au point que certains ont pensé que le métier de radiologue allait disparaître. L'évolution des performances des systèmes d'IA depuis dix ans améliore déjà la précision des diagnostics, tout comme le ciblage

et la vitesse de mise en place des processus de traitements. Dans le domaine de la recherche médicale, l'IA permet la découverte de nouveaux traitements. Ainsi, l'IA a conduit à la découverte récente d'un nouvel antibiotique dirigé contre le staphylocoque doré après soixante ans de recherches infructueuses[23]. Dans la santé publique, l'IA peut améliorer les prédictions d'évolution des épidémies[24].

Ces avancées ont déclenché des réflexions éthiques[25] et une évaluation de ces systèmes en situation réelle, afin de distinguer potentiel et effet réel. Par exemple, les systèmes de diagnostic par IA sont configurés pour être très sensibles et ne rater aucun signal. En contrepartie, ils sont plus susceptibles de repérer des signaux quand il n'y en a pas. Ils peuvent donc nécessiter des doubles contrôles qu'ils supposaient réduire[26].

Avec cette histoire déjà longue, que changent les derniers progrès technologiques ? Par leur capacité à identifier des éléments dans du texte et dans la voix, à générer du texte et de la voix et à adopter des tons très variés, ces nouveaux systèmes changent radicalement la capacité d'interaction avec les soignants et les patients.

Du côté des soignants, la transformation numérique nécessite qu'ils structurent sans cesse leurs notes, réflexions et décisions médicales dans des logiciels qui ne peuvent que décevoir : soit leurs interfaces sont trop complexes, soit les options qu'ils proposent sont trop limitées. La multiplication des destinataires (spécialistes, généralistes,

---

23. Wong F., E. J. Zheng, J. A. Valeri *et al.* (2023), « Discovery of a structural class of antibiotics with explainable deep learning », *Nature*, 626 (7997), p. 177-185.
24. Olawade D. B., O. J. Wada, A. C. David-Olawade, E. Kunonga, O. Abaire, J. Ling (2023), « Using artificial intelligence to improve public health : A narrative review », *Front. Public Health*, 11, 1196397.
25. Comité consultatif national d'éthique pour les sciences de la vie et de la santé (2023), « Diagnostic médical et intelligence artificielle : enjeux éthiques », avis 141.
26. Antun V., F. Renna, C. Poon, B. Adcock, A. C. Hansen (2020), « On instabilities of deep learning in image reconstruction and the potential costs of AI », *PNAS*, 117 (48), p. 30088-30095 ; Shen Y., F. E. Shamout, J. R. Oliver *et al.* (2021), « Artificial intelligence system reduces false-positive findings in the interpretation of breast ultrasound exams », *Nat. Commun.*, 12, 5645.

Sécurité sociale, mutuelle, etc.) renforce le sentiment d'engorgement. C'est dans ce domaine que l'IA générative offre de grandes promesses.

Du côté des patients, la capacité d'une IA à dialoguer de façon crédible avec un patient soulève de nombreuses questions. Certains utilisateurs se tourneront vers des IA généralistes pour des diagnostics, malgré les mises en garde[27]. Dans le cadre d'une conversation par texte, une IA spécialisée peut être jugée plus empathique qu'un docteur humain[28]. Hors du diagnostic, une IA sera peut-être bientôt plus à même de tenir une longue conversation avec une personne atteinte d'Alzheimer qu'une personne humaine. Alors qu'il y a encore cinq ans il semblait clair que la partie « relationnelle » du soin serait encore longtemps hors de portée des IA, cette frontière est désormais troublée.

Si l'étude citée précédemment[29] met en avant un meilleur diagnostic de la part de l'IA que des médecins dans la majorité des cas, elle précise que ce résultat a été obtenu dans des conditions particulières : la relation médecin-patient a été réduite à un *chat* en ligne, bien loin de la pratique médicale habituelle, qui aurait pu permettre au médecin de déceler des éléments impossibles à percevoir pour l'IA et donc améliorer son diagnostic. Cela pose la question du cadre optimal d'utilisation de l'IA par les soignants. Une autre étude, qui se concentre cette fois sur le cas de la radiologie, aboutit aux conclusions suivantes[30] : si le médecin a une grande confiance dans son diagnostic, alors l'assistance par l'IA nuit à la qualité de ce diagnostic, car elle conduit parfois à faire douter le médecin, et donc à le faire changer d'avis à tort. En revanche, si le médecin est

---

27. Un diagnostic de ChatGPT sur un enfant est aujourd'hui faux 83 % du temps selon Barile J. *et al.* (2024), « Diagnostic accuracy of a large language model in pediatric case studies », *JAMA Pediatrics*, 178 (3), p. 313-315.
28. Tu T. *et al.* (2024), « Towards conversational diagnostic AI », arXiv pre-print.
29. *Ibid.*
30. Agarwal N., A. Moehring, P. Rajpurkar, T. Salz (2023), « Combining human expertise with artificial intelligence : experimental evidence from radiology », *NBER Working Papers.*

incertain, alors l'assistance par l'IA permet d'améliorer la qualité du diagnostic en moyenne. Ces études illustrent la complexité dans le déploiement de systèmes d'IA au service du soin : à ce stade de la technologie, ils doivent assister les soignants par des recommandations, sans donner l'illusion de fournir le diagnostic le plus adapté dans toutes les situations.

En France, la transformation numérique et par l'IA en santé a connu ces dernières années d'importants progrès, catalysés par la pandémie de Covid. La feuille de route du numérique en santé a permis de clarifier les objectifs, de renforcer la confiance dans les outils numériques classiques et d'investir dans certaines infrastructures, notamment les référentiels communs.

Pour développer les capacités d'interaction des outils à base d'IA dans le domaine de la santé, il faudra pouvoir mettre à disposition des données riches de dialogue entre soignants et patients, faute de quoi ces IA ne seront entraînées que sur des données non francophones et dans des systèmes de santé différents. Ces mêmes données aideront à développer des IA à même de prendre en charge une partie des tâches administratives.

Pour développer les capacités des IA dans la prévention, le diagnostic et le traitement, les données de santé seront tout aussi cruciales. Certains outils d'IA faciliteront le recueil et la structuration des données, mais il faudra également améliorer les infrastructures numériques des hôpitaux et la mise à disposition de ces données auprès des chercheurs. Les bases de données de santé existent et elles sont d'une grande qualité, du fait du système de soin centralisé. Pourtant, l'accès aux bases de données reste limité tant à cause du mode de financement (chaque hôpital essaye de valoriser ces données individuellement, y compris pour payer ses infrastructures numériques) que du mode d'autorisation (les comités scientifiques et éthiques des établissements hospitaliers ne sont pas dimensionnés pour autoriser chaque demande d'accès aux bases de données).

Jusqu'ici, l'IA a surtout transformé les soins pour une petite partie de la population (les patients atteints de certaines maladies, ou ayant une radiographie complexe à lire). Les nouvelles avancées promettent de transformer l'expérience de soin pour tous, en libérant du temps de soignant. Pour le réaliser, nous devons collectivement accepter une meilleure circulation des données et exiger en retour qu'elles soient protégées, et aussi qu'une discussion ait eu lieu sur l'évolution du système de soin que nous voulons.

> **Recommandation n° 10.** Faciliter la circulation des données, le partage de pratiques et l'évaluation pour tirer les bénéfices de l'IA dans les soins, améliorer l'offre et le quotidien des soignants.

Mieux éduquer grâce à l'IA : l'accompagnement individualisé des élèves

L'éducation est l'un des domaines où l'impact de l'IA générative pourrait être le plus grand. L'éducation ne se prête cependant pas bien à la transformation numérique. Elle est faite de relations humaines, où le contenu est peu normé, malgré les programmes, et où le professeur doit disposer d'autonomie pour s'adapter au contexte, aux élèves. Elle ne se prête donc pas bien à la standardisation que requiert le numérique pour collecter et valoriser des données.

C'est pourquoi la plupart des innovations dans l'éducation numérique se sont faites moins dans la salle de classe qu'autour d'elle, pour rendre plus accessibles les manuels, notamment en ligne, ou faciliter des démarches administratives. Hors de l'école, des formations totalement numériques ont été créées, mais principalement sans professeurs, pour apprendre des langues notamment. Même

dans les pays les plus technophiles, la disruption de l'éducation par le numérique n'a pas vraiment eu lieu. Partout, l'influence des écrans sur la concentration des élèves conduit à la prudence, même s'il faut distinguer très clairement selon l'utilisation qui est faite des écrans. Dans cet univers peu lisible pour la machine, l'IA générative pourrait changer la donne. Parce que l'IA générative peut produire du texte et des images, les modifier ou les classifier, et parce qu'il est possible d'interagir simplement en langage naturel avec cette IA, elle rouvre le champ des possibles. Ses usages sont multiples : l'appui à la production de contenus et de séquences pédagogiques, notamment en faisant des ponts entre matières, la personnalisation de ces contenus aux élèves, l'accompagnement des élèves sous la forme de tutorat, l'évaluation de l'apprentissage, en automatisant une partie de la correction, l'orientation des élèves, et même la formation des enseignants eux-mêmes.

Pour ne prendre que le cas du tutorat, il est désormais bien démontré que le tutorat personnel ou en petit groupe est une méthode d'apprentissage très efficace[31], car elle aide les élèves à se confronter à la matière. Malgré ses résultats très positifs, elle reste coûteuse. L'IA générative pourrait fournir à chaque élève un tuteur adapté à son niveau, à ses cours, capable d'aider l'élève à raisonner, disponible 24 heures sur 24, donnant au professeur des informations sur les éléments mal compris de son cours.

Avant de déployer un tuteur d'IA générative auprès de tous les élèves, quelques marches restent à franchir. En effet, ces systèmes sont aujourd'hui coûteux et trop lents, tous les élèves n'ont pas un terminal permettant de faire tourner une IA générative, les modèles d'IA générative ne savent pas bien repérer des erreurs de raisonnement, et surtout nous ne savons pas encore comment des élèves se saisiraient d'un tel outil. Le tutorat n'est peut-être

31. Nickow A., P. Oreopoulos, V. Quan (2020), « The impressive effects of tutoring on PreK-12 learning : A systematic review and meta-analysis of the experimental evidence », *NBER Working Papers*.

efficace que lorsqu'un adulte est penché au-dessus de l'épaule de l'élève pour l'inciter à réfléchir. Déployée à l'échelle, cette solution poserait beaucoup de questions : l'IA doit-elle être utilisée pour des devoirs à la maison, dont on essaye de limiter le nombre en France ? Nécessite-t-elle la présence d'un adulte derrière chaque élève pour être utilisée ?

L'industrie technologique travaille déjà à rendre les IA moins chères, plus performantes, capables de raisonner, capables d'identifier des failles de raisonnement. Au-delà de la technologie, l'Éducation nationale et l'enseignement supérieur sont les lieux où professeurs et élèves pourront expérimenter pour découvrir précisément quand et comment l'IA peut être utile à l'éducation et à la formation.

Notre Commission recommande donc d'avancer sur trois fronts de façon simultanée. À court terme, il est crucial d'encourager et sécuriser l'utilisation de l'IA par les enseignants dans la préparation et l'organisation de leurs cours, mais aussi d'aider les élèves à utiliser intelligemment l'IA dans leur apprentissage. À moyen terme, il est indispensable d'expérimenter une intégration profonde de l'IA dans l'éducation, en évaluant rigoureusement son apport, le matériel nécessaire et l'évolution des pédagogies. La stratégie du numérique pour l'éducation 2023-2027 est un bon support pour cet effort, notamment car elle organise la collaboration avec les acteurs privés et prévoit même un « compte ressource » pour que les équipes pédagogiques puissent recourir à des outils commerciaux. Comme dans les services publics, cinq ingrédients seront nécessaires pour réussir cette transformation : des objectifs clairs, de la confiance, des personnes compétentes, des données et de l'infrastructure.

La confiance des élèves, des enseignants et des parents vis-à-vis d'une éducation avec l'IA nécessitera de la transparence, et de l'évaluation des outils, à commencer par les outils actuellement testés (« MIA seconde » pour l'enseignement des mathématiques

ou « Jules » pour l'aide aux devoirs des collégiens)[32]. Pour que les élèves s'approprient l'IA, il faut qu'ils y soient formés dès le collège, dans sa dimension technique, mais aussi sociologique, historique, philosophique. Les collectivités locales pourraient jouer un rôle clé en construisant des projets liant temps scolaire et périscolaire. Cette appropriation, qu'elle se fasse grâce à ou en dépit de l'Éducation nationale, entraînera nécessairement une discussion sur l'utilisation du numérique et de l'IA à la maison. Après tout, des élèves utilisent déjà des outils commerciaux pour réviser avec des vidéos ou apprendre les mathématiques avec de la reconnaissance d'image. Une prise de position officielle à ce sujet aiderait les élèves et enseignants à s'emparer de ces outils.

En ce qui concerne les personnes, la réussite de l'IA dans l'éducation passera par l'implication et la complémentarité avec les enseignants. Le métier de l'enseignant sera bousculé par le développement de l'IA, qui pourrait faciliter l'évolution d'un enseignant « sachant » (expert disciplinaire) à un enseignant « accompagnant » l'élève, hors du paradigme historique de la transmission monodisciplinaire. Cela impliquera que les enseignants d'aujourd'hui soient formés et s'emparent de ces outils. Cela nécessitera également peut-être de revoir l'organisation actuelle[33] et les modes de recrutement.

Il est indispensable que l'Éducation nationale encourage, sécurise et valorise les enseignants qui expérimenteront l'utilisation de l'IA. Il est rassurant de voir les réseaux de formation des enseignants, notamment le réseau Canopé, s'emparer rapidement du sujet afin de former les enseignants à la création de ressources pédagogiques basées sur les systèmes d'IA et mettre en place des projets pilotes en situation réelle. D'autres structures ont publié des guides à

32. À ce titre, il est impératif que les équipes pertinentes du ministère aient accès aux données d'utilisation de ces outils.

33. Le modèle danois semble à ce titre intéressant vis-à-vis de l'IA : un groupe d'enseignants y est chargé de suivre une classe durant tout son premier cycle (neuf ans, soit l'équivalent du primaire et du collège en France), d'assurer plusieurs matières et de créer un esprit de groupe.

destination des parents, élèves et enseignants sur l'utilisation de l'IA générative, qui gagneraient à être émulés en France[34].

Pour ce qui est des données et des infrastructures, les besoins pour l'IA dans l'éducation sont de deux types. D'une part, les données de contenu, pour que les IA proposées dans le cadre de l'éducation soient pertinentes et ajustées au contexte, à l'élève et à l'enseignant, d'autre part, les données relevant de l'activité des élèves et des enseignants (emplois du temps, vie scolaire, etc.). Ces données ne seront acquises et accessibles qu'avec un effort important sur les infrastructures et l'équipement des élèves. Le point bloquant reste effectivement la fragmentation des formats de contenu (manuels papier ou numériques) et des plateformes, tant pour les élèves que pour les enseignants. Des collaborations pourraient être utilement engagées avec les acteurs privés, par exemple en leur mettant à disposition des copies annotées afin de développer des IA pouvant appuyer les enseignants dans la correction.

En ce qui concerne les objectifs, la transformation de l'éducation nécessitera de rappeler et d'interroger les missions assignées à l'éducation. L'évaluation des IA nécessitera des protocoles précis et partagés pour déterminer les conditions où le numérique et l'IA sont utiles à l'apprentissage disciplinaire, mais aussi au développement de l'esprit critique. Nous devrons aussi arriver à dépasser collectivement la peur du « remplacement » de l'enseignant. Il ne fait aucun doute qu'ils resteront centraux dans la transmission du savoir et le développement de l'esprit critique. La complémentarité entre enseignants et IA doit permettre de décupler l'impact de chaque enseignant sur l'apprentissage des élèves, en estimant pour chaque option les bénéfices, les coûts et leur évolution[35].

34. Dès février 2023, le Land de Rhénanie du Nord-Westphalie a ainsi publié un guide pour les écoles et les élèves afin d'incorporer l'IA générative dans leur pratique.

35. Le coût de fonctionnement des IA est tel que généraliser aujourd'hui un système « enseignant + IA » ne serait pas soutenable non plus financièrement. Toutefois les coûts décroissent très rapidement à performance constante. L'évaluation et la transparence sur les

Au-delà de l'apprentissage, l'IA pourra être mobilisée pour l'accompagnement à l'orientation. Parcoursup voit passer chaque année 917 000 candidats, pour les orienter sur les 23 000 formations proposant des diplômes reconnus par l'État. Ce moment est un rare exemple où une seule plateforme peut servir de support à l'introduction de l'IA, rassemblant au même endroit processus, information sur les profils et vœux des élèves, et choix des formations.

Recommandation n° 11. Encourager l'utilisation individuelle, l'expérimentation à grande échelle et l'évaluation des outils d'IA pour renforcer le service public de l'éducation et améliorer le quotidien des équipes pédagogiques.

Souveraineté : investir pour notre autonomie stratégique

L'économie du numérique est dominée par quelques entreprises, telles qu'Alphabet/Google, Meta/Facebook, Microsoft et Amazon, également très présentes dans le domaine de l'IA. Les entreprises européennes sont spécialisées dans les industries traditionnelles, alors que les États-Unis sont les fers de lance de la révolution technologique du numérique[36].

Cet écart a des conséquences importantes sur les dépenses en recherche et développement (R&D). Chaque année, la Commission européenne établit la liste des 2 500 premiers investisseurs en R&D du monde[37]. Dans le domaine des technologies de l'information

bénéfices et le coût à l'échelle seront cruciales pour assurer la confiance des parents et des enseignants dans ces outils.

36. Coste O., Y. Coatanlem (2023), « Tech : quand l'Europe s'éveillera », *Commentaires*, 184, p. 821-830.

37. Commission européenne (2020), *The 2020 EU Industrial R&D Investment Scoreboard*.

et des télécommunications, le dernier classement est saisissant : les États-Unis comptent plus de quatre fois plus d'entreprises que l'Union européenne et ces entreprises américaines investissent plus de six fois plus en R&D que les entreprises européennes. L'Europe est également très nettement distancée par la Chine en la matière[38]. La suprématie économique des acteurs étrangers pose la question de notre souveraineté, une question que renforcent le développement et le potentiel de l'IA générative : si l'économie européenne dépend largement des entreprises étrangères, qu'adviendra-t-il si les relations internationales se tendent avec ses États fournisseurs ? Ne risquons-nous pas de voir une partie importante de notre valeur ajoutée économique, voire de notre connaissance, captée par les entreprises étrangères qui fournissent les systèmes d'IA ? Puisque l'IA contribue à la manière dont nous percevons le monde, comment préserver la culture française et européenne si nos outils sont bâtis sur des référentiels étrangers ?

De nouvelles mesures américaines risquent de freiner le développement des capacités en IA[39] du reste du monde, Europe comprise

Le 30 octobre 2023, l'administration Biden a publié un décret sur le développement et l'emploi sûrs, sécurisés et dignes de confiance de l'IA. Le texte prévoit notamment des obligations de signalement (*reporting*) pour les fournisseurs américains de services de *cloud*. Ceux-ci – et leurs revendeurs – devront notifier au gouvernement américain les transactions avec tout acteur étranger relatives à l'hébergement de grands modèles d'IA dont les capacités pourraient être utilisées à des fins malveillantes dans le domaine cyber.

---

38. La Chine compte plus de trois fois plus d'entreprises que l'Union européenne et ces entreprises chinoises investissent plus de deux fois plus en R&D que les entreprises européennes.
39. Source : direction générale du Trésor, service économique aux États-Unis.

À ce stade, entrerait dans le champ de ces obligations déclaratives l'entraînement de tout modèle de fondation au-dessus d'un certain seuil de complexité.

Ces dispositions font bien davantage que soulever des interrogations en matière de confidentialité des données et de protection du secret des affaires pour nos entreprises européennes. Elles contribuent à renforcer la domination américaine, en freinant le développement des capacités étrangères en matière d'IA et en facilitant le renseignement économique.

Pour répondre à ces interrogations, précisons le concept de souveraineté. Est souverain un État qui n'est soumis à aucun autre État. Une approche radicale de la souveraineté pourrait donc conduire à l'autarcie, afin de maîtriser la totalité de la chaîne de valeur de l'IA. Plusieurs pays dans le monde empruntent cette voie, notamment la Russie et la Chine.

Notre Commission considère qu'une approche autarcique de la souveraineté n'est pas opportune, ni au regard de nos valeurs ni au regard de nos intérêts. D'une part, la France promeut un cadre ouvert et démocratique de société. D'autre part, il serait techniquement et financièrement impossible de maîtriser l'ensemble des biens et services composant la chaîne de valeur de l'IA.

Nous estimons que la France devrait choisir la voie de l'*inter*dépendance, juste équilibre entre la dépendance totale (aucune souveraineté) et l'autarcie (aucun lien de dépendance). Concrètement, il s'agit pour la France de se doter d'avantages comparatifs en se positionnant sur quelques briques technologiques et quelques maillons de la chaîne de valeur. Pour y parvenir et renforcer la souveraineté européenne, nous recommandons de développer un écosystème de l'IA dynamique et attractif. Quatre piliers sont nécessaires : le financement, la puissance de calcul, l'accès aux données et les talents.

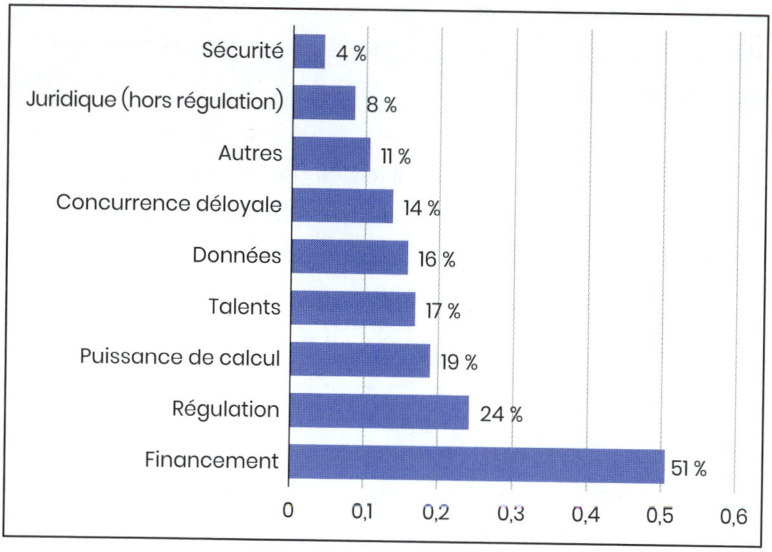

Graphique 9. Principaux défis identifiés par les start-up européennes de l'IA générative.

Source : sondage réalisé dans le cadre du Generative AI in the European Startup Landscape 2024.
Note : les start-up peuvent identifier plusieurs défis.

Financer durablement l'innovation : l'indispensable changement d'échelle

DES INVESTISSEMENTS DANS L'IA AU MOINS TROIS FOIS TROP FAIBLES

Les innovations technologiques sont portées soit par des entreprises existantes, soit par des start-up. L'IA ne fait pas exception. Or nous venons de montrer que les entreprises françaises et européennes sont peu positionnées sur l'économie numérique et donc moins promptes à investir dans l'émergence de solutions d'IA de rupture.

En France, le développement d'un tissu de nouvelles entreprises spécialisées dans l'IA est donc incontournable. Pour y parvenir,

des financements spécifiques doivent être mobilisés. C'est en particulier l'objet du « capital-risque », qui finance la création ou le développement d'entreprises risquées mais à fort potentiel.

Or les montants investis en capital-risque dans l'IA sont très insuffisants. En 2022, les investissements s'élèvent à 2,8 milliards de dollars[40] en France, contre 56,8 milliards de dollars aux États-Unis. Pour avoir un investissement comparable à celui des États-Unis, il faudrait que la France investisse entre 8,4 et 10 milliards de dollars par an, soit au moins entre 5,6 et 7,2 milliards de dollars supplémentaires chaque année. Ces différences sont souvent expliquées par des différences culturelles et une faible appétence au risque des acteurs français.

Notre Commission estime donc que la France devrait au moins tripler les investissements dans l'IA. Ce montant constitue un minimum, car il ne tient pas compte de l'évolution des besoins de financement. Cette évolution est atteignable. Entre 2018 et 2022, les investissements en capital-risque dans l'IA en France ont été multipliés par quatre, en passant de 0,6 à 2,8 milliards de dollars. Il faut donc maintenir le cap.

En outre, les investissements des fonds européens sont majoritairement de petite taille (rarement plus de 30 millions d'euros), alors que les besoins annoncés pour certaines entreprises se chiffrent en centaines de millions, voire en milliards d'euros. Il est essentiel d'y remédier car, en l'absence d'investissements européens, les financements apportés par des acteurs extraeuropéens contribuent à la délocalisation des activités.

L'augmentation des investissements français et européens dans le domaine de l'IA ne signifie pas qu'il faut viser un financement 100 % national ou européen. En effet, la diversité des financeurs contribue au succès du développement des start-up. Par ailleurs, les investissements étrangers témoignent de l'attractivité de l'écosystème

40. Observatoire IA de l'OCDE.

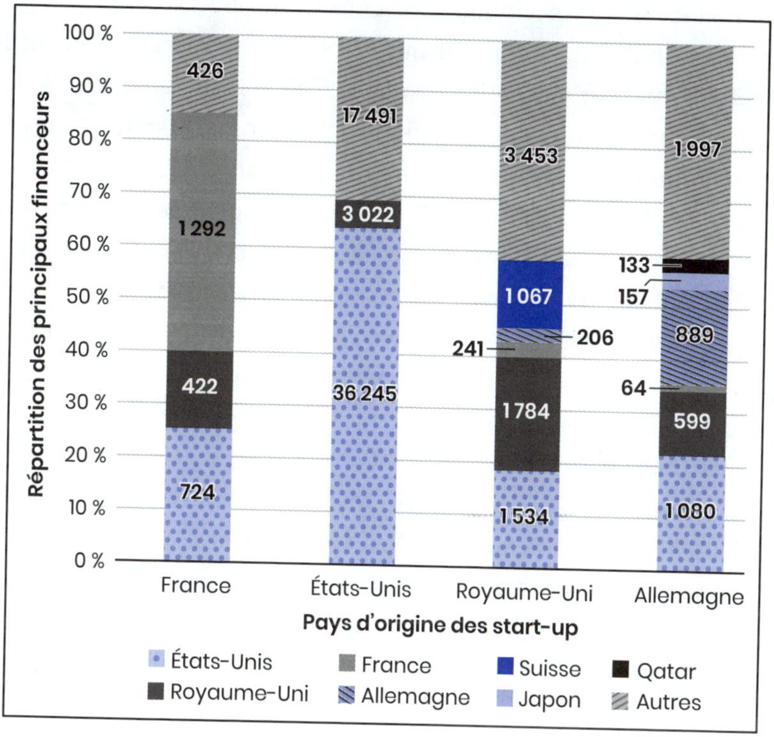

Graphique 10. Origine des financements des start-up par pays en 2022 (tous secteurs).

Source : OCDE.

Lecture : les start-up américaines sont financées à plus de 60 % par capital-risque américain.

national d'innovation. Aux États-Unis, les start-up de l'IA sont financées à 63 % par des investisseurs nationaux. Une part qui s'élève à 45 % en France, 25 % au Royaume-Uni et 24 % en Allemagne.

UNE AMBITION D'INVESTISSEMENTS QUI NÉCESSITE DES CHOIX DE SOCIÉTÉ

Notre Commission estime qu'il est nécessaire d'investir dans l'IA entre 5 et 8 milliards de dollars en plus par an, soit un triplement des sommes actuellement engagées. Si cette dynamique est un

minimum, nous recommandons que dans cette phase d'émergence de nouvelles technologies, porteuses de très grands potentiels (voir chapitre 1, p. 47), où les premiers investissements sont essentiels pour prendre des positions sur la chaîne de valeur, la France se fixe des objectifs de financements de l'IA à la hauteur de ses ambitions, à savoir être parmi les premières économies de l'IA. Un objectif d'investissements annuels de 15 milliards de dollars pourrait être visé.

Le changement d'échelle suppose de réorienter une partie de l'épargne privée, en mobilisant entre 0,1 % (démarche de rattrapage) et 0,3 % (démarche pionnière) de l'épargne des ménages français[41].

Des réformes sociétales peuvent être envisagées pour permettre un fléchage de l'épargne durablement différent. Les pays où les entreprises technologiques sont les plus nombreuses et les plus dynamiques ouvrent plusieurs chemins possibles. La France pourrait faire évoluer les incitations fiscales des assurances vie, afin de flécher davantage les fonds en direction de l'innovation. Elle pourrait aussi faire évoluer la gestion des retraites complémentaires pour assumer des investissements plus risqués et dans le temps long.

L'approfondissement de la construction européenne constitue une autre voie de financement de l'innovation. Le morcellement du marché des capitaux en Europe réduit la taille des investissements. Pour y remédier, l'Union européenne devrait mettre en place une véritable union des marchés de capitaux, c'est-à-dire permettre et favoriser la libre circulation de l'épargne et des investissements. Le premier plan d'action européen date de 1999… mais il reste tant à faire ! Ce pourrait être un chantier prioritaire à partir de juin 2024, pour la prochaine législature de l'Union européenne.

Un troisième objectif mérite d'être souligné : le renforcement de l'attractivité des fonds d'investissement étrangers, afin qu'ils

41. L'épargne des Français représente en 2023 un peu plus de 6 000 milliards d'euros.

s'implantent à Paris et pas uniquement à Londres. Il ne s'agit pas d'une solution alternative aux deux objectifs cités précédemment (évolution du fléchage de l'épargne privée française, renforcement de l'intégration du marché européen des capitaux), mais bien d'une solution complémentaire permettant à l'écosystème français d'innovation de se développer plus rapidement.

Notre Commission considère que ces trois chantiers pourraient être menés parallèlement. Ils porteront leurs fruits à long terme et au-delà du seul champ de l'intelligence artificielle.

Pour accélérer à court terme le développement de l'écosystème d'IA, nous recommandons de créer d'ici à fin 2024 un fonds d'investissement « France & IA ». Le fonds viserait à la fois à soutenir l'émergence de start-up spécialisées dans l'IA appliquée et à faciliter la transformation du tissu économique de PME et ETI. Il mobiliserait 7 milliards d'euros de capital-investissement d'entreprise et 3 milliards d'euros de soutien public, selon plusieurs modalités d'intervention (une première enveloppe de fonds de fonds, une seconde de co-investissements, une troisième de financement par dette de projets de transformation numérique). Aux côtés des moyens financiers, le fonds s'accompagnera d'une mise en commun de données d'activité pour conduire certains projets numériques. L'ampleur des moyens est inédite en France et représenterait un investissement moyen élevé pour chaque entreprise. Si chacune des 250 grandes entreprises françaises[42] hors contrôle étranger y participait, cela représenterait un investissement de l'ordre de 25 millions d'euros chacune. Il pourrait donc être envisagé de réunir l'enveloppe totale de 10 milliards d'euros en deux temps. Face au risque de déclassement économique, l'audace participera de l'émergence de solutions innovantes performantes et de l'accélération de la modernisation des entreprises françaises.

---

42. Entreprises d'au moins 5 000 salariés, ou au moins 1,5 milliard d'euros de chiffre d'affaires et plus de 2 milliards d'euros de bilan.

Recommandation n° 12. Investir massivement dans les entreprises du numérique et la transformation des entreprises pour soutenir l'écosystème français de l'IA et en faire l'un des premiers mondiaux.

L'objectif de triplement (au moins) des investissements dans le domaine de l'IA ne doit pas s'entendre comme une cible uniquement quantitative. La qualité des investissements est tout aussi importante. Le ciblage et la concentration des moyens sont primordiaux pour fonder la supériorité de la France et de l'Europe sur certains segments de la chaîne de valeur et ainsi être en mesure de parler d'égal à égal avec nos concurrents et nos partenaires. Cette voie de la différenciation pourra notamment porter sur le développement de composantes *open source* mais aussi sur la dimension environnementale, en visant de nouvelles générations d'IA, de l'architecture matérielle au choix des modèles, qui consommeront moins d'énergie. Cette différenciation va de pair avec l'émergence progressive et constante d'écosystèmes d'innovation dans le domaine de l'IA en France et en Europe.

Disposer de capacités de calcul souveraines : une condition sine qua non *de l'autonomie stratégique*

La puissance de calcul est un ingrédient incontournable de l'IA générative. Elle constitue le socle de la chaîne de valeur de l'IA générative (voir le schéma en introduction du rapport, p. 37). Concrètement, elle consiste en un mélange de matériel électronique distribué et de services associés.

En effet, les calculs requis pour l'entraînement ou l'utilisation (« inférence ») d'un modèle d'IA sont réalisés par des réseaux de semi-conducteurs assemblés, formant des serveurs eux-mêmes

rassemblés au sein de supercalculateurs ou de centres de données. Lorsqu'une entreprise, une administration ou un particulier utilise un modèle d'IA, il recourt donc aux services de calcul de plusieurs supercalculateurs ou de centres de données.

Les besoins en puissance de calcul croissent aujourd'hui très rapidement par le produit de trois dynamiques. Tout d'abord, l'entraînement et l'utilisation (« inférence ») de modèles de plus en plus grande dimension sont gourmands en calcul. En sens inverse, des efforts importants sont réalisés aujourd'hui pour diminuer la puissance de calcul nécessaire à l'entraînement et à l'inférence, car c'est l'un des principaux postes de coûts dans la construction et l'utilisation d'un modèle d'IA, et l'un des obstacles à sa diffusion. La compétition se joue d'ailleurs actuellement autant sur la performance des modèles que sur la capacité à développer des IA dont le coût d'utilisation est acceptable. Depuis 2020, la puissance nécessaire pour l'inférence des modèles d'IA augmente plus vite que ne décroît le coût de l'inférence (graphique 11). Enfin, même si l'entraînement ou l'utilisation des modèles devient plus économe à performance égale, cela pourrait accélérer leur diffusion, et donc la puissance de calcul totale nécessaire. En dépit de l'incertitude sur ces trois dynamiques, notre Commission estime que les besoins continueront de croître rapidement à court terme, avec la diffusion de l'IA dans toutes les sphères économiques et sociales.

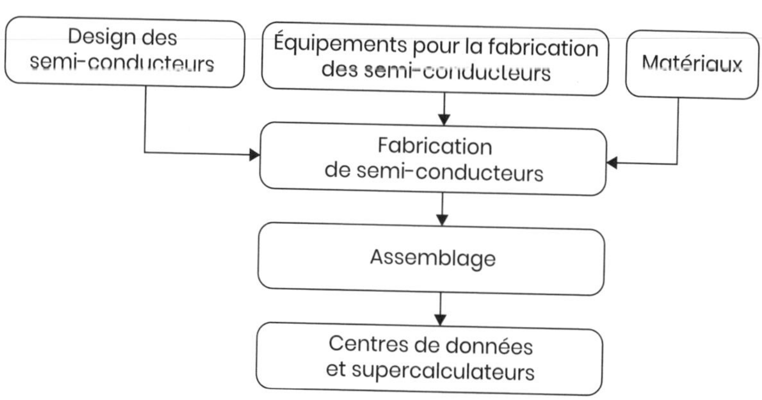

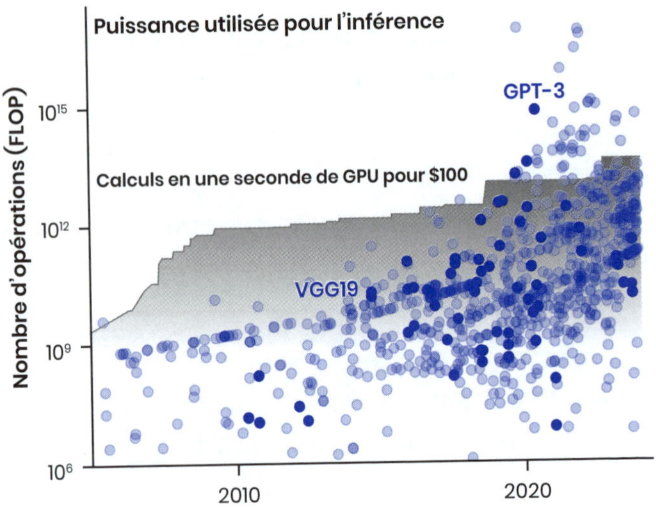

Graphique 11. Évolution de la puissance et du coût de l'inférence des modèles d'IA.

Source : calculs de la Commission IA (2024).
Lecture : chaque point représente un modèle d'IA et la puissance nécessaire pour l'inférence. La courbe indique l'évolution du nombre de calculs réalisables en une seconde de GPU pour 100 dollars.

Or la France et l'Europe sont aujourd'hui très loin de pouvoir répondre à cette demande croissante. Le marché est dominé par quelques entreprises, principalement américaines, détenant individuellement ou collectivement jusqu'à 80 % des parts de marché mondial de certains segments d'activité, que ce soit dans le *design* de composants semi-conducteurs spécialisés dans l'IA, ou l'offre de puissance de calcul pour entraîner ou utiliser des IA.

Cette dépendance nous empêchera de bénéficier d'une part importante de la valeur ajoutée de l'IA, qui sera captée par des acteurs étrangers. Elle pose plus largement des enjeux de souveraineté : difficultés de protection des données, difficultés d'élaboration des normes appropriées à des enjeux technologiques mal maîtrisés, exposition aux tensions géopolitiques… Il est donc impératif d'y remédier.

Que se passe-t-il dans le reste du monde ? L'exemple des États-Unis[43]

Aux États-Unis, le décret du 30 octobre 2023 impose aux fournisseurs de capacités de calcul en nuage (*cloud*) de déclarer à l'administration américaine la localisation et la capacité de leurs infrastructures de calcul au-delà d'un certain seuil[44].

INVESTIR DANS UNE FILIÈRE DE COMPOSANTS SEMI-CONDUCTEURS OPTIMISÉS POUR L'IA

À ce jour, la filière de composants semi-conducteurs à destination des systèmes d'IA générative est extrêmement concentrée. En matière de conception de certains semi-conducteurs clés, l'entreprise américaine NVIDIA est en situation de quasi-monopole. En plus de la conception des composants, cette entreprise propose une couche logicielle (appelée Cuda) qui domine également le marché.

La fabrication des composants semi-conducteurs spécifiques à l'IA générative est tout aussi monopolistique, l'entreprise taïwanaise TSMC détenant 85 % du marché des semi-conducteurs de moins de 7 nanomètres. Notons cependant que ce fabricant asiatique s'appuie sur des équipements produits dans le monde entier et rassemblés dans des machines conçues par une entreprise néerlandaise dénommée ASML.

Ce positionnement monopolistique n'est pas une fatalité. D'une part, le marché des semi-conducteurs devrait augmenter rapidement

43. Source : direction générale du Trésor, service économique aux États-Unis.
44. À noter que ces seuils mesurés en opérations de calcul mesurent assez mal la « puissance » d'un modèle ou ses « capacités », d'autant qu'il est possible de couper le modèle pour l'entraîner « par morceaux » ou au contraire de dépasser le seuil simplement parce qu'on a raffiné un modèle pour le rendre plus spécifique.

sous l'effet de la demande de puissance de calcul. D'autre part, l'électronique actuelle n'est pas pleinement optimisée à l'entraînement et surtout à l'utilisation des systèmes d'IA générative (voir l'encadré ci-dessous). Ce double contexte, de croissance et de segmentation du marché, est propice à l'entrée de nouveaux acteurs (Google et Amazon conçoivent ainsi déjà leurs propres composants spécialisés dans l'IA).

Quelle électronique pour les modèles d'IA générative ?

Les différentes étapes de création d'une application d'IA générative requièrent différents réseaux de composants semi-conducteurs qui vont réaliser les calculs nécessaires. Les étapes d'apprentissage et de spécialisation nécessitent un calcul massif à réaliser de manière intensive, celui-ci est réalisé par des GPU (*graphics processing unit*), qui ont été créés initialement pour le jeu vidéo et non l'IA. L'étape d'inférence, quant à elle, requiert beaucoup moins de puissance de calcul. Elle peut faire appel aux GPU ou à des composants semi-conducteurs plus répandus : les CPU (*central processing unit*).

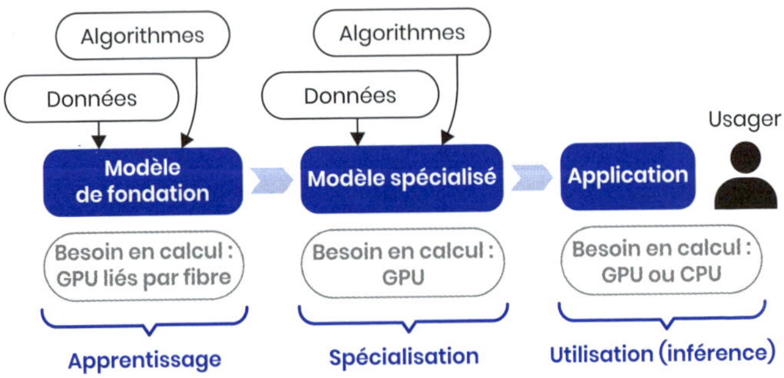

Pour la plupart d'entre eux, les composants semi-conducteurs actuellement utilisés pour les différentes étapes de conception d'une solution mobilisant l'IA générative ont des applications

multiples. Une minorité de ces composants est optimisée pour l'IA, que ce soit sur le plan de la rapidité ou encore de la consommation énergétique. Ces critères sont particulièrement essentiels en prévision d'un déploiement massif de solutions mobilisant l'IA dans les centres de données ou dans les objets du quotidien.

Au-delà de la nature des semi-conducteurs à utiliser, il faut aussi considérer le volume d'acteurs concernés par chacune des phases afin de mesurer la puissance de calcul globale. En effet, un modèle de fondation permet la création de multiples modèles spécialisés dans plusieurs domaines, chacun de ces modèles spécialisés étant ensuite utilisé par de multiples usagers. Au total, l'entraînement et l'inférence créent un besoin très important de puissance de calcul tout au long de la chaîne de valeur.

L'IA représente donc pour l'Europe une opportunité de se positionner sur les prochaines générations de semi-conducteurs qui formeront une brique technologique stratégique. Il ne s'agit pas de viser un objectif autarcique, mais de bénéficier de la croissance de nouvelles activités économiques et de rééquilibrer les rapports de force stratégiques.

Au regard de l'ampleur des investissements nécessaires, des risques associés et des délais inhérents au développement d'une filière industrielle de semi-conducteurs optimisés pour l'IA, l'intervention de la puissance publique apparaît nécessaire. Cette intervention pourrait cibler d'une part les puces spécialisées pour l'inférence et d'autre part les puces adaptées aux systèmes d'IA embarqués (*edge*). Le cadre d'un tel soutien pourrait s'inscrire dans le règlement européen sur les semi-conducteurs, adopté en 2023, qui vise justement à réduire la dépendance de l'Union européenne dans le domaine.

En revanche, le soutien public ne devrait pas viser une concurrence des acteurs sur les technologies utilisées actuellement. Les montants

d'investissements sont en effet tels que le soutien public ne suffirait pas, sans traction du marché ou alliance avec un géant du numérique.
À cet effet, la France doit poursuivre le soutien de la recherche publique et apporter un soutien financier par le biais de subventions et de fonds propres pour faire émerger une telle filière industrielle. Au-delà de la conception et de la fabrication des composants, le soutien des acteurs européens devra aussi porter sur la promotion de solutions ouvertes (*open source*) pour la couche logicielle, pour sortir de la dépendance à la couche logiciel propriétaire, majoritairement utilisée aujourd'hui.

Recommandation n° 13. Accélérer l'émergence d'une filière européenne de composants semi-conducteurs adaptés aux systèmes d'IA.

ACCROÎTRE LA PRÉSENCE DE CENTRES DE DONNÉES SUR NOTRE TERRITOIRE

Avec la filière de semi-conducteurs, les services associés aux supercalculateurs et aux centres de données constituent l'incontournable deuxième brique de la puissance de calcul pour l'IA. Le monde se livre donc à une course de vitesse sur la croissance de la puissance de calcul : en 2023, la puissance cumulée des dix supercalculateurs les plus puissants du monde a augmenté de 72 % par rapport à 2022[45]. L'Europe est en retard en ce qui concerne la puissance de calcul publique et elle est très largement distancée en ce qui concerne la puissance de calcul installée par des acteurs privés.

45. Selon les données du top 500 de novembre 2023. La source est identique pour le paragraphe qui suit.

La puissance de calcul *publique* de l'Europe est nettement plus faible qu'outre-Atlantique. Elle héberge aujourd'hui 143 des 500 plus grands supercalculateurs – majoritairement publics – du monde (contre 161 pour les États-Unis) représentant 24 % de la puissance de calcul correspondante (contre 53 % pour les États-Unis). L'Union européenne et ses États membres investissent toutefois dans le cadre d'un programme intitulé EuroHPC (European High Performance Computing). De prochaines installations de supercalculateurs massivement parallèles et de très grande taille, dits « *exascale* », sont prévues, en Allemagne en 2024 (Jupiter) et en France en 2026 (Jules Verne). Toutefois, en parallèle, les États-Unis et la Chine ont déjà lancé des travaux pour des supercalculateurs dits « *post-exascale* ».
La puissance de calcul des *acteurs privés* est pour sa part très largement installée aux États-Unis. Cette prédominance est double. D'une part, les centres de données sont en général bien plus présents sur le territoire américain qu'européen : les États-Unis disposent de 2 109 centres de données (soit une part de 37,8 % des centres de données du monde) contre 1 244 centres de données sur l'ensemble des pays de l'Union européenne (soit une part de 22,3 %)[46]. D'autre part, les plus grands fournisseurs de services à partir de ces centres de données (*cloud*) sont américains. Trois grands acteurs représentent ainsi 80 % de la hausse des dépenses en infrastructures et applications de services de *cloud* public en France.
Ce déséquilibre a tendance à s'aggraver en ce qui concerne la puissance de calcul dédiée à l'IA. Pour la seule année 2023, les achats cumulés de Meta, Microsoft, Alphabet et Amazon s'élèveraient à 400 000 GPU, contre quelques milliers d'unités pour les acteurs européens. À lui seul, Meta prévoit d'acheter, en 2024, 300 000 cartes graphiques de dernière génération spécialisées dans l'entraînement d'IA (le modèle H100 de NVIDIA ou équivalent), alors que l'entreprise en dispose déjà de 300 000. Certes, une partie sera installée sur des infrastructures

46. D'après les données du site DataCenterMap de janvier 2024.

en Europe. Cependant, tirer tout le potentiel de ces machines nécessite aujourd'hui de les localiser dans des infrastructures de grande taille, qui sont moins présentes en Europe qu'aux États-Unis.

Il serait tentant de considérer que ce retard de l'Europe n'est pas un problème, qu'il n'est que le prolongement d'un déficit en matière de services d'hébergement. De fait, dans une économie mondialisée, il n'est pas nécessaire que les IA utilisées sur le sol européen ou par des consommateurs européens soient toutes entraînées et déployées sur des infrastructures strictement européennes.

Le retard de l'Europe en matière de puissance de calcul pose toutefois trois difficultés. Premièrement, il existe des usages sensibles de l'IA, sur lesquels il n'est pas envisageable d'entraîner les modèles ou de les déployer sur de la puissance de calcul extraeuropéenne. Ces usages se limitent certes aujourd'hui à quelques acteurs, notamment militaires, qui disposent de leurs propres infrastructures. Ce ne sera demain plus le cas, que l'on songe aux impôts, à la santé ou à la justice. Deuxièmement, dans un monde où l'IA sera intégrée à de nombreux aspects de notre vie sociale et de notre économie, la résilience et l'autonomie stratégique nécessitent de disposer d'une quantité minimale de puissance de calcul sur notre sol. Pour faire un parallèle avec l'électricité : il n'est pas nécessaire que tous les électrons alimentant notre économie soient produits en France, mais il serait dangereux d'être obligé d'importer 80 % de son électricité. La puissance de calcul constitue un point de contrôle dans la chaîne d'approvisionnement de l'IA, car on peut la détecter, interdire son usage, la quantifier et qu'elle est concentrée. Certains y voient donc déjà un point névralgique pour gouverner l'IA[47]. Enfin, la hausse de la demande de puissance de calcul conduira à une dégradation de notre balance commerciale, si la France n'accroît pas simultanément son offre.

47. Sastry G., L. Heim, H. Belfield *et al.* (2024), « Computing power and the governance of artificial intelligence », *Working Paper*.

Que se passe-t-il dans le reste du monde ? Les exemples de la Suède, de Taïwan et du Japon[48]

En Suède, le mix énergétique fortement décarboné (les combustibles fossiles représentent 1 % de la production d'électricité) et le plus faible prix de l'électricité sont un atout pour l'installation de supercalculateurs. La start-up allemande de service de traduction DeepL a par exemple choisi ce pays pour son nouveau supercalculateur Mercury, qui est aujourd'hui considéré comme le plus puissant ordinateur de Suède.

À Taïwan, les centres de données et la puissance de calcul pour l'IA doivent être localisés sur le sol taïwanais, pour des motifs de résilience. En revanche, il n'existe pas de restriction sur la nationalité des fournisseurs de puissance de calcul. De fait, les trois *hyperscalers* américains (Amazon Web Services, Google Cloud et Microsoft Azure) fournissent la quasi-totalité de l'hébergement et de la puissance de calcul du pays.

Au Japon, l'État subventionne l'utilisation des ressources de calcul pour soutenir le développement des modèles de base de l'IA générative. Il soutient également le développement des centres de données en subventionnant une portion du coût des infrastructures pour les entreprises fournissant ces services. Le financement public est plus élevé en cas de localisation dans les zones rurales.

Notre Commission considère que la France et l'Europe doivent impérativement devenir un pôle majeur de la puissance de calcul installée avec trois objectifs : (i) fournir une puissance de calcul publique pour les cas d'usages sensibles ; (ii) fournir une puissance de calcul accessible et abordable pour stimuler la recherche

48. Source : direction générale du Trésor, service économique en Suède et au Japon.

et le développement des start-up en IA ; (iii) être en mesure d'entraîner et d'utiliser sur le sol européen les modèles d'IA les plus avancés.

Pour les cas d'usages sensibles, la recherche et le soutien aux start-up, il convient de poursuivre les investissements dans les supercalculateurs publics. L'accès aux supercalculateurs financés par l'Europe ou la France est gratuit pour les acteurs publics ou privés qui contribuent à la recherche ouverte. Cette logique permet de bénéficier des infrastructures financées sur les fonds publics en contrepartie d'une contribution permettant de faire avancer la connaissance collective. Cette dynamique doit être poursuivie pour permettre aux acteurs européens de la recherche de rester à la frontière technologique.

Pour les usages privés ou non sensibles, il est impératif de développer des centres de données sur notre territoire. L'installation d'un centre de données sur le territoire français soulève des enjeux de gestion du foncier, de coordination d'acteurs, de procédures administratives et d'accès à une électricité à un prix compétitif. À cet égard, la consommation d'électricité représente un coût important pour les acteurs du marché : il s'agit donc d'un facteur clé de décision d'implantation. Face au soutien financier proposé par certains États américains, qui entendent attirer les centres de données, la France pourrait renforcer sa compétitivité fiscale. Pour assurer à nos acteurs développant et utilisant de l'IA un accès à une puissance de calcul abordable, il faut par ailleurs prendre acte du contexte de tension très forte dans lequel se trouve le marché des processeurs spécialisés pour l'IA. L'accès à la puissance de calcul sera un différenciant important dans les quelques années à venir, et le coût un paramètre crucial pour la compétitivité des acteurs entraînant des IA.

Quels objectifs se fixer pour la puissance de calcul en France ?

Dans un marché en très forte croissance, et aux paramètres technologiques incertains, notre Commission a tenté d'estimer les besoins en puissance de calcul selon plusieurs méthodes. Les besoins en puissance de calcul varient largement, selon que l'on considère une entreprise qui entraîne des modèles de fondation, qui affine des modèles plus spécialisés ou qui utilise des modèles d'IA dans ses opérations.

La France pourrait se fixer comme objectif d'ici à 2026 de pouvoir offrir sur son sol de la puissance de calcul pour soutenir 5 entreprises entraînant des modèles de fondation de la prochaine génération en un temps raisonnable, 50 entreprises affinant des modèles de fondation spécialisés et 1 000 entreprises utilisant des modèles d'IA dans leurs opérations.

En partant des données publiées pour Llama 2, entraîner trois versions d'un modèle de pointe en 2023 a nécessité l'équivalent de 100 processeurs graphiques de dernière génération en 2024 (« équivalent H100 ») pendant un peu plus de quatre mois. Les modèles de la prochaine génération (dès 2024) nécessiteront probablement environ dix fois plus de puissance de calcul pour l'entraînement, soit 1 000 équivalents H100, et autant pour l'inférence. Les entreprises affinant des modèles auront besoin de dix fois moins de puissance pour l'entraînement (100 GPU) et pour l'inférence (100 GPU). Les entreprises utilisant seulement les modèles auront besoin de 100 fois moins de puissance de calcul (10 GPU), concentrée sur l'inférence.

La France pourrait donc se fixer comme objectif en 2024 de sécuriser au minimum l'installation de 30 000 processeurs graphiques équivalents H100 par des acteurs privés. Cela représenterait 3 % de la production mondiale prévue par NVIDIA en

2024, ce qui correspond par ailleurs à la part de la France dans le PIB mondial. Si cet objectif était tenu, la France disposerait d'une puissance de calcul privée de 21 mégawatts ou près de 2 exaflops[49].

Avec un taux d'utilisation de 60 %, ces 30 000 GPU auraient une consommation électrique de 110 gigawattheures, soit l'équivalent de la consommation annuelle de 50 000 personnes ou 0,22 % de nos exportations d'électricité en 2023. Avec une telle capacité de production électrique bas-carbone, la France pourrait doubler ou tripler cet objectif afin d'accueillir de la puissance de calcul pour ses voisins européens. Au niveau européen, le même raisonnement conduirait à fixer un objectif de 150 000 GPU équivalents H100 (ou 105 mégawatts).

Enfin, à la livraison du supercalculateur Jules Verne, la France disposera d'une puissance de calcul publique d'un peu plus de 1 exaflop. Étant donné les délais, des travaux sont donc à engager dès maintenant pour augmenter la puissance de calcul publique après Jules Verne.

Cet objectif n'inclut pas des besoins de puissance de calcul pour un géant du numérique. Leurs besoins sont tels qu'accueillir simplement un ou deux centres de calcul pour l'IA de l'un d'entre eux viendrait aisément doubler le nombre affiché ici. La France pourrait engager des discussions avec l'un d'entre eux pour accueillir l'un de leurs centres de calcul. De manière générale, ces chiffres sont à prendre comme une projection à court terme, tant les besoins croissent rapidement.

49. Unité de mesure utilisée pour calculer la puissance d'un processeur, qui correspond à 1 milliard de milliards d'opérations en virgule flottante exécutées en une seconde.

Dans cette perspective, nous proposons d'agir simultanément du côté de l'offre et du côté de la demande de calcul. Du côté de l'offre, nous recommandons à la fois d'accélérer les travaux d'extension des supercalculateurs français et européens de taille « *exascale* », de lancer à court terme une opération d'achat groupé pour l'écosystème et de fixer un objectif pour l'implantation de centres de calcul sur le territoire européen, assorti à la fois d'une garantie publique d'utilisation de la puissance de calcul et d'un accompagnement à l'implantation et au raccordement électrique. Cet appel d'offres vise à la fois l'augmentation de la puissance de calcul – pour répondre aux besoins croissants – et la diversification des solutions d'hébergement – pour faire émerger des solutions européennes. Il n'est donc pas fermé aux solutions de fournisseurs extraeuropéens. Du côté de la demande, un crédit d'impôt IA soutiendrait les projets de recherche et de développement dans la location de la puissance de calcul, sous la condition d'utiliser un centre de calcul établi sur le territoire. Il s'agit ici moins de subventionner généralement le calcul que d'inciter à l'installation de puissance de calcul sur notre territoire.

Recommandation n° 14. Faire de la France un pôle majeur de la puissance de calcul, à court comme à moyen terme.

Accéder à des données de qualité

L'IA a besoin de données en quantités considérables, et l'IA générative aussi, même si elle a plus besoin de données culturelles que de données personnelles. L'évolution de ces modèles de plus en plus précis, la volonté d'économiser de la puissance de calcul et l'épuisement des données disponibles (pour le texte les plus grands modèles ont déjà utilisé la plupart des corpus existants) conduiront

vraisemblablement à l'avenir à mettre l'accent sur la qualité davantage que la quantité de données. En Europe, en France, l'enjeu n'est pas seulement technique, mais culturel, de présence et de découvrabilité de la langue, des images, des vidéos.

LES DONNÉES PERSONNELLES

L'intelligence artificielle permet d'appréhender la masse de données disponibles, que l'intelligence humaine ne peut plus embrasser. Par exemple, plus de 5 millions d'articles scientifiques sont publiés chaque année, dont la moitié dans le seul domaine de la recherche médicale. Il est évidemment impossible qu'un chercheur ou une équipe de chercheurs, même de haute volée, puisse les lire, et encore moins les évaluer et les analyser.

Inversement, les données constituent un ingrédient indispensable aux développements récents de l'intelligence artificielle. Ainsi, la découverte d'un nouvel antibiotique permettant de lutter contre le staphylocoque doré[50] (voir « Mieux soigner grâce à l'IA », p. 126) n'a été rendue possible qu'après avoir entraîné un système d'IA avec près de 40 000 résultats déjà connus de structures moléculaires d'antibiotiques existants. Ce chiffre est d'ailleurs très faible au regard des capacités d'apprentissage et de traitement de tels systèmes ; cela tient en particulier à la qualité des données utilisées pour cet apprentissage. Pour le dire autrement, la qualité des données utilisées pour l'entraînement est au cœur de la fiabilité d'un système d'IA.

Ces données ne sont pas nécessairement personnelles, mais force est de constater que beaucoup de données intéressantes pour entraîner des IA ont un caractère personnel. Dans la santé, bien entendu, mais pas uniquement. Même l'IA générative, *a priori* plus intéressée par les données culturelles, peut en avoir besoin pour développer une capacité d'interaction spécifique. Dans l'éducation, entraîner

50. Wong F. *et al.* (2023), « Discovery of a structural class of antibiotics with explainable deep learning », art. cit.

un modèle capable d'interagir de façon crédible et pertinente avec un élève nécessitera probablement un entraînement sur des données de dialogue entre élèves et enseignants, qui sont des données personnelles.

Exploiter le potentiel de l'intelligence artificielle et permettre son déploiement au service de l'humain exige par conséquent que les chercheurs, les développeurs et les innovateurs disposent d'un accès à des données massives, fiables, aisément manipulables et dont la représentativité et la qualité peuvent être évaluées. Dans un contexte d'évolution technologique rapide et de concurrence accrue, cet accès doit en outre pouvoir leur être ouvert rapidement et les données être utilisées sans contraintes excessives, au risque de favoriser davantage encore les acteurs en place ou de voir d'autres s'approprier nos recherches et nos innovations, en nous devançant dans leur expérimentation et leur diffusion.

Or, en l'état, les difficultés d'accès aux données et les contraintes régulièrement regardées comme excessives liées à leur utilisation sont des constats très largement partagés par les acteurs de l'IA, quels qu'ils soient (entreprises, chercheurs, laboratoires, institutions publiques et privées, associations…). Ces difficultés sont de deux ordres.

En premier lieu, **certaines règles et pratiques françaises sont plus contraignantes que le cadre européen** en matière de traitement de données personnelles. Le cadre actuel est défini par le Règlement général sur la protection des données (RGPD), entré en vigueur en 2018.

Le RGPD a renversé complètement la logique du droit qui prévalait en France depuis la loi « informatique et liberté » de 1978. Alors que la possibilité de traiter des données à caractère personnel reposait sur des procédures d'autorisation ou de déclaration préalables auprès de l'administration, le RGPD a posé les principes de liberté et de responsabilité : les acteurs sont libres de créer et de mettre en œuvre des traitements de données à caractère

personnel, sous réserve de veiller eux-mêmes à la conformité de ces traitements aux principes et règles prévus par le règlement européen. Ils doivent en particulier analyser les risques spécifiques que peuvent créer les traitements les plus sensibles et prendre les mesures appropriées pour y remédier. En contrepartie de cette liberté, instituée dans le but précis de favoriser l'innovation, les exigences de protection des données personnelles ont été renforcées, de même que les pouvoirs de contrôle et de sanction *a posteriori* des autorités en charge de la protection des données. En France, il s'agit de la Commission nationale de l'informatique et des libertés (Cnil).

En France, cette évolution n'a pas été conduite jusqu'à son terme. Il demeure des procédures d'autorisation préalable non prévues par le droit européen[51]. C'est en particulier le cas pour l'accès aux données de santé pour la recherche. Une procédure simplifiée de déclaration de conformité à des méthodologies de référence existe mais elle est loin d'être généralisée. En pratique, la procédure simplifiée reste l'exception par rapport à la procédure d'autorisation préalable[52], car le moindre écart par rapport à ces méthodologies implique d'en passer par une autorisation préalable qui peut impliquer jusqu'à trois niveaux d'autorisation préalable. On trouve des lourdeurs analogues dans les domaines de l'ordre public, de la sécurité et de la justice[53].

En second lieu, nous observons un **décalage croissant entre la logique centrée sur la protection de *l'individu* et l'évolution des**

51. Le législateur national a mobilisé des marges de manœuvre ouvertes par le RGPD aux États membres dans le sens du maintien, voire du renforcement de procédures préalables d'autorisation pour les données de santé.

52. *Fédérer les acteurs de l'écosystème pour libérer l'utilisation secondaire des données de santé*, rapport de la mission conduite par Jérôme Marchand-Arvier (décembre 2023).

53. Une procédure spécifique d'autorisation du traitement par décret en Conseil d'État de tous les traitements mis en œuvre pour le compte de l'État dans les domaines de l'ordre public, de la sécurité et de la justice a été maintenue, rendant particulièrement lourde toute évolution, même minime, des modalités de traitement des données personnelles dans ce champ.

modes d'utilisation *collective* des données. Alors que le droit de la protection de l'accès et de l'utilisation des données est, depuis ses origines, centré sur la personne (les données personnelles), le développement et l'utilisation des systèmes d'IA se concentrent sur des données massives, agrégées et dynamiques.

Sur le plan technique, plusieurs notions clés du RGPD sont ainsi d'un maniement malaisé face au fonctionnement de l'IA. Tel est notamment le cas du « responsable du traitement », pour lequel la répartition des responsabilités entre le développeur qui a procédé à l'entraînement d'une IA générative et qui la met à disposition de tiers et l'utilisateur final du système pour ses propres besoins n'apparaît pas forcément aller de soi. La notion de finalité du traitement, qui conditionne la nature des données pouvant légalement être utilisées et sur laquelle porte le consentement des personnes concernées, est également plus complexe à appréhender, eu égard aux nombreuses utilisations possibles d'une IA générative une fois celle-ci entraînée.

Sur le plan des principes, la notion même de donnée personnelle, qui constitue la clé d'application du RGPD, suscite des interrogations dans un contexte croissant d'utilisation de données collectives. En l'état, juridiquement, seul un processus d'anonymisation des données personnelles permet de « sortir » du régime de protection des données personnelles du RGPD. Or, la technologie ouvre de plus en plus loin des possibilités de réidentification de données anonymisées. Par ailleurs, une gestion plus collective des données (aujourd'hui embryonnaire dans le RGPD) pourrait améliorer la protection des intérêts et l'exercice des droits, notamment face aux acteurs mondiaux de la donnée. En effet, que ce soit au travers d'associations, de syndicats ou de tout autre collectif organisé, des accords relatifs aux traitements des données et à l'utilisation de systèmes d'IA pourraient permettre d'accroître l'effectivité de la garantie des droits de chacun.

Recommandation n° 15. Transformer notre approche de la donnée personnelle pour protéger tout en facilitant l'innovation au service de nos besoins.

Notre Commission recommande de poursuivre la modernisation de notre approche de la donnée en conjuguant mieux protection et innovation. Des évolutions sont en cours. La Cnil a par exemple créé en 2023 un service de l'IA et de la publication, et publie depuis quelques mois des « fiches pratiques IA » destinées à guider les développeurs de systèmes d'IA. L'autorité consolide ainsi une mission d'accompagnement des acteurs de l'innovation.

Pour aller plus loin, nous recommandons notamment de supprimer des procédures d'autorisation préalable d'accès aux données de santé et de réduire les délais de réponse de la Cnil. Ce mouvement devrait s'accompagner d'une réforme du mandat qui est confié à la Cnil, pour y intégrer un objectif d'innovation. Cette évolution impliquera un ajustement de la composition de son collège, pour qu'une palette plus large de compétences soit représentée (innovation, recherche, etc.), et un renforcement de ses moyens de fonctionnement. Plus largement il conviendra de renforcer la coordination de l'ensemble des régulateurs intervenant dans le champ de la donnée et du numérique. Au-delà, il importe de trouver la voie d'une gouvernance collective de la donnée qui pourrait, dès aujourd'hui, utiliser les marges de manœuvre juridiques sous-exploitées du RGPD et, à terme, poser les jalons d'une évolution du cadre juridique qui prendrait mieux en considération l'évolution des modes d'utilisation des données. En appelant à une amélioration de la gouvernance de l'*open data* du secteur public et à la mise en œuvre immédiate des nouveaux règlements européens relatifs à la donnée, c'est à la pleine exploitation d'une formidable ressource d'intérêt général et porteuse de croissance économique qu'appelle notre Commission.

LES DONNÉES PATRIMONIALES

La France dispose d'un ensemble hors du commun de corpus en partie numérisés depuis le début des années 2000. C'est un atout cultivé depuis François Ier, grâce à une politique continue, par un dépôt légal devenu universel (livres, revues, presse, images, sons, cartes, cinéma, jeux vidéo) étendu à la télévision et la radio, mais encore à travers des politiques d'acquisitions et de conservation. Ce corpus représente linguistiquement, artistiquement, culturellement un paysage intellectuel et émotionnel très large de la francophonie.

> **Que se passe-t-il dans le reste du monde ?**
> **Les exemples de l'Inde et de la Corée du Sud**[54]
>
> En Inde, l'IA est identifiée comme un levier pour renforcer l'inclusion sociale et économique. Le pays entend être en tête des solutions d'IA appliquées et s'attache à rassembler des données de qualité. Le programme Bhashini vise notamment à mettre à la disposition des entreprises des ensembles de données audio et textuelles provenant des 22 langues nationales de l'Inde, afin qu'elles puissent développer des solutions innovantes.
> En Corée du Sud, le ministère de la Culture et l'institut national de la langue coréenne prévoient de construire un corpus coréen de données de haute qualité d'environ 120 millions de syntagmes pour soutenir le développement de « K-ChatGPT qui parle bien le coréen », puis de l'étendre à 1 milliard de syntagmes d'ici à 2027.

La mobilisation adaptée de ce patrimoine unique dans le cadre de l'entraînement des systèmes d'intelligence artificielle représente donc un enjeu de diversité culturelle et de souveraineté. À l'heure

54. Source : direction générale du Trésor, service économique en Inde et en Corée du Sud.

actuelle, les modèles d'IA sont moins performants en français qu'en anglais, ayant principalement été entraînés sur des corpus anglais. Répondre à cet enjeu suppose des évolutions rapides. Si une large part des contenus est déjà disponible, numérisée, accessible par API, une autre partie justifie une accélération des financements de mise à disposition, de libération des droits qui peuvent exister, comme les droits des photographes. La plupart des institutions comme les Archives ont vocation à être ouvertes et disponibles numériquement. Cependant, des enjeux d'infrastructures de mise à disposition doivent être pris en charge pour accélérer l'accès.

Des freins juridiques demeurent. Ainsi du dépôt légal, alimenté quotidiennement par des publications sous droits issus des éditeurs d'imprimés, de phonogrammes, des producteurs de films ou de programmes audiovisuels. Ce dépôt ne saurait servir de fonds ouvert pour la mise à disposition des IA. D'ailleurs, nos engagements internationaux s'y opposent. En revanche, les métadonnées sont susceptibles d'être ouvertes. Plus largement, des modèles économiques restent à concevoir selon les usages de recherche ou commerciaux. Pour lever certaines de ces barrières, un vaste plan de mise à disposition est nécessaire avec des financements à l'échelle de cet objectif. Il devra composer avec des particularités tenant aux standards internationaux propres à chaque catégorie de contenus.

Trois pistes doivent être explorées. D'abord, il importe de créer un cadre de confiance pour l'accès aux contenus libres de droits, notamment par la mise à disposition des métadonnées. Ensuite, il est nécessaire de préparer la création d'un registre des contenus à disposition (et incluant toutes les informations utiles, dont les modalités d'accès), pour lequel la Bibliothèque nationale de France, l'Institut national de l'audiovisuel et le ministère de la Culture pourraient constituer le tiers de confiance. Une plateforme pourrait alors mettre en relation les grands détenteurs de données culturelles publiques, voire des détenteurs de données culturelles privées qui le souhaiteraient, et des développeurs d'IA. Enfin, il s'agit de construire

des outils publics à disposition d'acteurs privés, par exemple pour lutter contre la désinformation en permettant des vérifications sur les informations audiovisuelles passées.

> **Recommandation n° 16.** Mettre en place une infrastructure technique favorisant la mise en relation entre les développeurs d'IA et les détenteurs de données culturelles patrimoniales.

Au-delà, **les données publiques demeurent insuffisamment ouvertes**. Au niveau mondial, le mouvement pour l'ouverture des données publiques a commencé à la fin des années 2000 et a eu son apogée au milieu des années 2010, pour ensuite s'estomper. Il nous faut revitaliser ce mouvement, dans un contexte nouveau d'IA générative.

Le secteur public représente effectivement une source de données à la fois nombreuses et de qualité. Leur réutilisation, notamment grâce à l'IA, permet la création de très nombreux services nouveaux, que ce soit pour des activités de nature commerciale ou d'intérêt général. L'ouverture encore trop limitée des données publiques[55] prive la France de nombreux bénéfices.

On peut penser par exemple aux données de santé pour la recherche, aux données relatives au trafic routier qui peuvent permettre d'optimiser l'utilisation des moyens de transport, aux données agricoles pour améliorer les rendements et réduire l'utilisation d'intrants, etc. La circulation des données à l'intérieur même du secteur public est source de simplification des procédures administratives, en évitant de multiplier les dossiers administratifs et la production de justificatifs, et de meilleure effectivité des politiques publiques. À titre d'illustration, elle permet d'identifier les personnes remplissant les

55. Voir par exemple le rapport de la mission d'Éric Bothorel, *Pour une politique publique de la donnée*, décembre 2020.

conditions pour bénéficier de prestations sociales et dès lors d'éviter les phénomènes de « non-recours » faute de connaissance ou de technicité suffisante des bénéficiaires.

Pour les données publiques, les obstacles rencontrés sont pratiques et non d'ordre juridique. Le principe en vigueur en Europe depuis 2003 est effectivement celui de l'ouverture et de la libre réutilisation des données élaborées ou détenues par l'ensemble des organismes publics et appartenant au secteur public[56]. Les très récentes modifications du règlement européen sur la gouvernance des données visent d'ailleurs à étendre le champ de ce principe et à en faciliter l'application[57], notamment en prévoyant une plateforme européenne unique destinée à la réutilisation des données publiques.

LES DONNÉES PROTÉGÉES PAR UN DROIT DE PROPRIÉTÉ LITTÉRAIRE OU ARTISTIQUE

Un mouvement global de contestation de l'utilisation des données protégées pour l'entraînement de l'IA est en voie de naître des deux côtés de l'Atlantique.

Aux États-Unis, l'utilisation de données protégées est soumise à l'autorisation du titulaire de droits sauf à ce que l'usage soit considéré comme équitable ou loyal (*fair use*). L'application de cette exception est contestée par les auteurs et les artistes qui ont intenté de nombreux procès aux éditeurs de modèles. Le résultat de ces actions en justice sera déterminant, mais aussi incertain, car l'appréciation du *fair use* est très contextuelle. Dans ces conditions, certains acteurs de l'IA – les mêmes qui contestaient au départ que le droit

56. Directive 2003/98/CE du Parlement européen et du Conseil européen du 17 novembre 2003 concernant la réutilisation des informations du secteur public. Le principe figure aujourd'hui dans la directive (UE) 2019/1024 du Parlement européen et du Conseil européen du 20 juin 2019 concernant les données ouvertes et la réutilisation des informations du secteur public.

57. Règlement (UE) 2022/868 du Parlement européen et du Conseil européen du 30 mai 2022 portant sur la gouvernance européenne des données et modifiant le règlement (UE) 2018/1724 (règlement sur la gouvernance des données).

d'auteur (*copyright*) s'applique – cherchent déjà à contractualiser l'utilisation des contenus protégés en passant des accords de licence avec les titulaires de droits.

En Europe, l'utilisation de données protégées pour l'entraînement d'un système d'IA générative est encadrée par l'article 4 d'une directive européenne de 2019 (« droit d'auteur et droits voisins dans le marché unique numérique » ; notons qu'elle est antérieure au foisonnement des modèles d'IA générative). Cette directive impose notamment une exception de fouille de textes et de données (dite *Text and Data Mining*, TDM), transposée en droit français en 2021[58]. Le monopole est donc suspendu lors de ces opérations, pour toutes finalités (y compris commerciales) et au bénéfice de tous acteurs.

Des conditions sont cependant exigées pour bénéficier de l'exemption. D'abord, les données doivent avoir été obtenues de manière licite. Or il est désormais avéré que des modèles d'IA générative ont été entraînés sur des bases comprenant des contenus piratés. Ensuite, en contrepartie de l'atteinte à ses droits exclusifs, le titulaire peut décider de refuser l'utilisation de ses données en exerçant un droit d'opposition (*opt out*). Ce retour à l'exclusivité lui permet de recouvrer une capacité de négociation en vue d'obtenir une rémunération.

Confrontés à l'utilisation croissante de leurs données, les ayants droit français multiplient ces stratégies d'*opt out* aux conséquences préoccupantes : affaiblissement de la fiabilité des résultats produits par les IA, absence de contenus français et plus généralement de créations authentiques, pouvant entraîner la production de résultats stéréotypés et médiocres par les modèles d'IA générative accessibles au public.

---

58. Ordonnance n° 2021-580 du 12 mai 2021 portant transposition du 6 de l'article 2 et des articles 7 à 23 de la directive 2019/790 du Parlement européen et du Conseil européen du 17 avril 2019 sur le droit d'auteur et les droits voisins dans le marché unique numérique et modifiant les directives 96/9 et 2001/29/CE.

La situation actuelle est donc contentieuse. Les titulaires de droits demandent le respect de leurs droits, mais étaient diminués dans leur action du fait de l'absence de transparence sur les données d'entraînement utilisées. Le règlement européen sur l'intelligence artificielle (*AI Act*[59]) prévoit cette transparence tant en amont, s'agissant des sources d'entraînement, qu'en aval, pour lutter contre la désinformation.

En amont, les titulaires de droits doivent en effet avoir la possibilité d'être informés quant aux données utilisées afin de s'assurer qu'elles ont été obtenues de manière licite. À l'inverse de la tendance actuelle, l'entraînement des modèles d'IA générative ne saurait être un nouveau débouché durable offert aux entreprises de piratage des données protégées par *scrapping* ou *crawling*. La transparence est également essentielle pour permettre aux titulaires de droits d'exercer leur droit d'*opt out* avec discernement, le cas échéant d'autoriser contre rémunération et de contrôler le respect des engagements des parties. Sans ce principe, le droit qui leur est conféré en contrepartie de l'exception de TDM est privé de son sens, faute de pouvoir être rendu opérationnel.

Concrètement cela signifie que l'éditeur d'IA doit rendre public le fait qu'il a utilisé des données protégées par le droit d'auteur et indiquer auprès de quelle entité le titulaire des droits peut obtenir des informations. Ces données peuvent être rendues publiques ou communiquées sur demande à des personnes ayant intérêt à agir s'il est nécessaire de préserver leur confidentialité. Le règlement européen sur l'IA ne prévoit pas que cette obligation s'applique aux éditeurs de modèles spécialisés (mais seulement aux modèles généraux). Il sera donc nécessaire d'évaluer régulièrement, à la lumière des évolutions technologiques et des modalités d'entraînement des modèles, la pertinence de ce champ d'application de l'obligation de transparence.

---

59. Accord politique de la proposition de règlement voté en Coreper en février 2024.

La plateforme de mise en relation précédemment identifiée pourrait utilement intégrer l'opposition éventuelle exercée par les titulaires de droits et, le cas échéant, les conditions d'une utilisation pour l'entraînement (licence, rémunération…). À terme, l'idée est de pouvoir constituer facilement des corpus de données de qualité pour l'entraînement des modèles d'IA dans le respect des droits. Tous ces corpus n'ont pas la même valeur, et la valeur marginale d'une œuvre ou d'un auteur en particulier peut être assez faible. En revanche, leur valeur collective peut être importante. C'est le cas du dépôt légal de l'Institut national de l'audiovisuel, qui représente 47,85 pétaoctets de données multimodales de qualité, soit cent fois plus que la taille de Common Crawl, « sauvegarde » partielle d'Internet.

En aval, les produits culturels et l'information issue des IA doivent être clairement labellisés. Les contenus générés par une IA doivent être reconnaissables. Cette exigence qui s'affirme sur le plan international est essentielle pour s'attaquer au parasitisme, identifier les informations non fiabilisées et lutter contre les *deepfakes*. Elle est également indispensable à l'information des consommateurs qui, par exemple pour les aliments, ont un droit à l'information sur la méthode, le lieu et les ingrédients de fabrication des produits. Enfin, la transparence en aval est indispensable dans les relations entre clients et fournisseurs, pour gérer les éventuelles responsabilités. C'est donc ici une transparence plus large que celle évoquée dans le règlement sur l'IA qui est soutenue.

Recommandation n° 17. Mettre en œuvre et évaluer les obligations de transparence prévues par le règlement européen sur l'IA en encourageant le développement de standards et d'une infrastructure adaptée.

La qualité, la diversité et la profondeur des données issues de la culture européenne sont à l'évidence un atout pour les éditeurs d'intelligence artificielle. La mise en œuvre de règles de transparence doit permettre l'émergence d'un marché des données « blanches » dont l'usage par les éditeurs de logiciels est licite et sûr d'un point de vue juridique. Ce peut être un atout face aux États-Unis dont les règles de *fair use* feront l'objet de contestations devant les tribunaux pendant encore de nombreuses années. Une forte mobilisation collective en Europe serait essentielle pour encourager la création d'entrepôts de données publiques et privées assorties de cartographies des droits et de modèles de rémunération. Seule cette mobilisation permettra d'éviter les trois risques devant nous : la concentration (si seuls quelques éditeurs d'IA très bien financés peuvent accéder à des données culturelles au prix fort), la submersion culturelle (si les IA sont entraînées sur des données purement américaines) ou le contournement du droit de propriété (si se développe un marché « noir » ou « gris[60] » de la donnée culturelle).

Attirer les talents pour construire les technologies et les usages de demain

FAIRE VENIR LES PLUS QUALIFIÉS DU MONDE SUR NOTRE TERRITOIRE

Les talents sont un des piliers majeurs pour accélérer le développement de l'IA, créer un écosystème dynamique et contribuer à la souveraineté de la France. La notion de talent est prise au sens large comme toute personne possédant des compétences rares qui peut contribuer au développement de l'IA que ce soit dans sa dimension technique, scientifique ou commerciale. Les talents constituent la

60. Sans accord entre ayants droit et éditeurs d'IA, certains évoquent déjà la possibilité de produire des bases de données synthétiques reproduisant les caractéristiques de bases de données culturelles obtenues illégalement, sans contenir directement d'œuvres protégées.

principale ressource de la recherche publique comme des entreprises du domaine, dont ils représentent environ un tiers des coûts. Or, la France est en forte concurrence avec les États-Unis, dans une moindre mesure avec le Royaume-Uni, et les écosystèmes français ne sont pas (encore) aussi réputés. De nombreux jeunes Français diplômés, notamment des écoles d'ingénieurs, s'expatrient pour y travailler. Dans les entreprises américaines, les services spécialisés en IA comptent ainsi de nombreux Français, soulignant certes la qualité de la formation française, mais aussi le manque d'attractivité de notre pays.

Que se passe-t-il dans le reste du monde ? L'exemple des États-Unis[61]

Aux États-Unis, le décret du 30 octobre 2023 met en place un ensemble de mesures visant à attirer les plus qualifiés du monde dans le domaine de l'IA. D'abord, il simplifie les processus d'instruction des demandes de visas en priorisant l'instruction de ces demandes. Ensuite, il révise les critères d'octroi rapide de visas (J-1). Enfin, il met en œuvre un programme global pour identifier et attirer sur le sol américain les talents étrangers en IA.

La situation s'est améliorée ces dernières années, sous l'effet de l'implantation à Paris de laboratoires de recherche d'entreprises américaines. Celles-ci ont recruté à Paris de jeunes Français, qui ont par exemple ensuite créé une start-up en France. Cette dynamique a contribué à faire émerger un écosystème français de l'IA et à renforcer son attractivité. Une entreprise étrangère spécialisée dans la génération de code grâce à l'IA est par exemple en cours de localisation à Paris.

61. Source : direction générale du Trésor, service économique aux États-Unis.

La dynamique est néanmoins insuffisante. Notre Commission considère que, parmi les 3 000 à 5 000 profils internationaux très qualifiés susceptibles d'avoir un impact significatif sur la croissance de l'écosystème de l'IA, la France doit en attirer entre 10 et 15 %. Les compétences recherchées sont diverses. Il faut attirer les talents capables de développer les grands modèles de langue ainsi que les futures générations d'IA. Il s'agit également d'attirer les meilleurs chercheurs et ingénieurs du domaine pour créer de nouveaux produits et services, mais aussi des dirigeants d'entreprises innovantes en croissance. Il en est de même pour les ingénieurs-produits qualifiés dans le domaine de la commercialisation.

La diversité des profils favorisera l'innovation, mais aussi limitera les risques de biais, encourus lorsque les équipes affichent des profils trop similaires. Cet enjeu de diversité est particulièrement important en France où la part des ingénieurs étrangers est faible[62] par rapport à la situation dans la Silicon Valley ou à Londres. L'attractivité et la diversité de l'écosystème d'innovation reposeront donc également sur la venue d'étudiants étrangers, issus des cycles de licence réputés à l'étranger, afin qu'ils poursuivent leurs études puis débutent leur carrière en France.

> **Recommandation n° 18.** Attirer et retenir des talents internationaux avec des compétences scientifiques, entrepreneuriales et managériales dans le domaine de l'IA.

L'attractivité des talents va de pair avec celle des entreprises. Ces dernières peuvent en effet jouer un rôle de catalyseur dans l'écosystème français, notamment en attirant des profils qualifiés étrangers sur notre territoire. En complément d'un ensemble d'actions visant à soutenir la croissance des start-up françaises, les mesures

62. La part des ingénieurs étrangers en Île-de-France est estimée à moins de 10 %. Elle est de 68 % dans la Silicon Valley.

d'attractivité des groupes étrangers sur notre territoire peuvent donc participer à la souveraineté de la France et de l'Europe.

Notre Commission recommande la création d'une mission « attractivité des talents en IA », inspirée de celle mise en place pour attirer en France les profils financiers en prévision de la sortie du Royaume-Uni de l'Union européenne (Brexit). Cette mission consiste en une démarche ciblée et personnalisée d'identification d'entreprises et de talents à l'étranger. Elle doit être rapidement mise en place pour bénéficier de l'actuel élan de l'écosystème français d'IA et de sa réputation croissante à l'étranger.

En dehors de la recherche publique, recruter des talents individuels relève de la compétence des entreprises. Pour autant, l'État doit mettre en place toutes les conditions pour faciliter l'installation des profils qualifiés notamment *via* une aide pour les démarches administratives : visa, scolarité des enfants, communication sur le régime fiscal des impatriés, etc. Ces conditions seront également offertes aux salariés des entreprises étrangères qui s'installent et aux étudiants qui auront été démarchés.

PERMETTRE AUX CHERCHEURS DE CHERCHER

Il est essentiel de disposer d'une recherche publique dans l'IA de haut niveau en France. La recherche publique permet d'explorer des pistes de plus long terme, qui ne répondent pas nécessairement à des objectifs économiques immédiats. Elle garantit également la qualité de formation des futurs ingénieurs et chercheurs qui rejoindront le secteur privé. Elle constitue un facteur d'attractivité.

À la suite du rapport de Cédric Villani en 2018[63], qui soulignait cet enjeu, plusieurs mesures ont été prises. Plusieurs lois[64] ont facilité

63. Cédric Villani, *Donner du sens à l'intelligence artificielle. Pour une stratégie nationale et européenne*, mars 2018.

64. En particulier la loi de programmation de la recherche et la loi pour la croissance et la transformation des entreprises.

le recours aux contrats à durée déterminée ou indéterminée (CDD ou CDI), assoupli le régime de primes, simplifié la déclaration de cumul d'activités[65], renforcé les relations avec les entreprises, etc. En particulier, la possibilité de proposer dans la recherche publique des CDD ou des CDI avec des conditions de rémunération supérieures à celles des grilles de l'État a facilité le recrutement de jeunes chercheurs ou de chercheurs étrangers renommés.

Cependant, les obstacles pratiques demeurent nombreux. En matière de rémunération, par exemple, les chercheurs rencontrés par notre Commission estiment qu'ils finissent presque toujours par trouver des solutions de compléments de rémunération, mais au prix de montages complexes, fastidieux et longs à mettre en place. Alors que la recherche publique ne peut rivaliser avec les entreprises pour les conditions salariales (les salaires sont communément dix fois plus élevés), la simplicité du recours aux compléments de rémunération est indispensable : les lourdeurs administratives découragent les chercheurs.

Renforcer l'attractivité de la recherche publique française est non seulement impératif mais aussi accessible. Celle-ci offre toujours plusieurs conditions qui restent appréciées des chercheurs, comme l'accès à des étudiants de qualité ou la liberté académique des chercheurs (ce point distinguant notamment la France des États-Unis). Dans le domaine de l'intelligence artificielle (pris largement), une rémunération supérieure à 80 000 euros par an, plus ou moins élevée en fonction de l'âge et de la renommée, doit être atteinte sans aucune pesanteur administrative. Au-delà des chercheurs en poste, il faut également prévoir des compléments de rémunération aux doctorants et postdoctorants, qui contribuent largement à la recherche publique et dont la qualité constitue un facteur d'attractivité pour des chercheurs plus matures.

---

65. En dépit de la simplification, de nombreux établissements continuent à exiger des autorisations qui doivent passer par de nombreuses strates de signatures.

D'innombrables autres complexités administratives, chronophages et disproportionnées, doivent être combattues. La validation des embauches, la signature de contrats avec des entreprises, le montage des dossiers administratifs pour les réponses aux appels à projets ou encore la création d'une formation occupent au moins un tiers de l'emploi du temps d'un chercheur dans le public. Ce sont autant d'activités longues, laborieuses, décourageantes et à faible valeur ajoutée par rapport aux compétences des chercheurs. Elles ralentissent donc la production de nouvelles connaissances. Dans un monde de l'innovation en IA qui progresse chaque jour, ces complexités sont impensables.

Enfin, les conditions de travail ne sont pas à la hauteur des enjeux et des standards internationaux. À titre d'illustration, les étrangers recrutés dans la recherche publique française ne bénéficient pas d'un appui global pour faciliter leur installation (déménagement, accompagnement pour les démarches administratives, aides à l'embauche pour les conjoints, inscriptions dans les écoles pour les enfants...). Le dispositif Choose Paris Region a permis quelques avancées, mais il est nécessaire d'aller plus loin.

Si la France a mis en place une réflexion sur la simplification des mesures administratives dans la recherche, le calendrier ne s'inscrit pas dans celui du développement de l'IA au niveau mondial. De ce fait, il est proposé d'aller plus vite pour l'intelligence artificielle en mettant en place une « exception IA ». Sous la forme d'une expérimentation, cette exception vise un objectif de « zéro entrave pour les chercheurs », notamment par un engagement sur les délais de réponse aux sollicitations des chercheurs. L'exception IA doit également permettre de rehausser la rémunération et de faciliter les temps partiels avec des entreprises ou d'autres acteurs socio-économiques de l'IA. Au-delà, il est indispensable de doubler au moins les financements de la recherche publique en IA pour rejoindre le top 5 mondial en termes de production et de publication en IA.

Recommandation n° 19. Assumer le principe d'une « exception IA » sous la forme d'une expérimentation dans la recherche publique pour en renforcer l'attractivité.

Déployer massivement l'intelligence artificielle dans notre économie

RECOURIR À L'IA POUR GAGNER EN PRODUCTIVITÉ ET EN COMPÉTITIVITÉ

L'écosystème français et européen spécialisé dans l'intelligence artificielle doit se développer parallèlement à l'adoption massive des systèmes d'IA par les entreprises qui composent actuellement notre tissu productif. Il faut donc miser sur l'économie *de* l'IA, mais aussi sur l'économie *avec* l'IA. Le potentiel de gains de productivité est effectivement immense[66]. Les particularités de l'IA générative (réalisme, simplicité, rapidité, aptitudes) ouvrent la voie à d'importants gains de productivité rapides, presque immédiats. Cependant, les principaux bénéfices nécessiteront des actions de transformation (des infrastructures de données, de l'organisation, des ressources humaines, etc.). L'impact des précédentes innovations majeures sur la productivité française est souvent considéré comme modéré. Le retard à l'adoption de ces technologies par rapport aux autres pays, notamment les États-Unis, constitue une des raisons principales. Afin de tirer les bénéfices de l'IA, les entreprises françaises doivent donc adopter rapidement les systèmes d'IA. Si elles sont plus lentes dans cette adoption, elles perdront des parts de marché vis-à-vis des entreprises qui auront recours plus vite à l'IA. L'inverse est tout aussi vrai : si la France se mobilise plus vite, elle pourra gagner des parts de marché national ou à l'export.

66. Voir précédemment « L'IA nous rendra-t-elle plus prospères ? », p. 55.

Que se passe-t-il dans le reste du monde ? La diffusion de l'IA en Europe et à l'étranger

L'IA est une technologie à usage général, sans mesure unique de son usage (comme pour l'électricité). Il est donc difficile de comparer la vitesse de diffusion de l'IA dans l'économie européenne, *a fortiori* de l'IA générative. Les publications de 2023 à ce sujet ne permettent par ailleurs pas toujours de distinguer ce qui relève de l'expérimentation du projet en production. Quoi qu'il en soit, les auditions menées par la Commission sont convergentes. Premièrement, le dynamisme de l'écosystème IA est plus important aux États-Unis qu'en Europe (l'activité sur des plateformes de contribution y est 50 % plus importante). Mais cet écart s'explique principalement par la taille du secteur technologique aux États-Unis. Secondement, l'adoption de l'IA générative est à peu près similaire aux États-Unis et en Europe lorsque l'on compare secteur par secteur. Elle est très largement liée à l'adoption du *cloud* dans les entreprises. Les grands fournisseurs de *cloud* proposent en effet tous des services d'IA et d'IA générative, facilitant leur expérimentation. Or la France est l'un des pays d'Europe où les entreprises utilisent le moins le *cloud* (30 % des entreprises, contre plus de 70 % dans les pays nordiques, 60 % en Irlande et 45 % en Allemagne).

Il revient donc à chaque entreprise française et européenne d'identifier les cas d'application les plus pertinents de l'IA. Les cas les plus simples se situeront probablement là où les erreurs de l'IA ont peu de conséquences, peuvent être facilement détectées et corrigées. Étant donné que les coûts d'inférence restent encore substantiels, il s'agira aussi de cas où la valeur du service rendu par l'IA est assez élevée. L'État n'a pas vocation à identifier ces cas d'usage à la place des acteurs économiques mais il peut favoriser la création d'une dynamique collective

permettant un partage d'expérience et d'information entre ces acteurs. Cela pourrait prendre la forme d'une « Convention des entreprises à l'ère de l'IA », à l'image de la « Convention des entreprises pour le climat », permettant aux entreprises d'un même territoire ou d'une même filière de s'informer, d'expérimenter, de partager de bonnes pratiques et d'établir des feuilles de route de transformation avec l'IA. Une impulsion pour créer une dynamique collective est nécessaire, mais ne sera pas suffisante pour favoriser une adoption généralisée de l'IA par tous les acteurs économiques. Celle-ci dépendra aussi largement de la rentabilité des systèmes d'IA. Au-delà de la baisse générale du coût de ces technologies, faciliter la collecte de données ou l'utilisation à grande échelle du même système d'IA sera crucial pour qu'il devienne rentable. Pour faciliter l'adoption de l'IA tout en évitant qu'elle ne soit conduite que par quelques acteurs à très grande échelle, la dynamique collective doit être complétée par une approche plus sectorielle (aéronautique, luxe, automobile, agriculture…) ou plus fonctionnelle (ressources humaines, finances). La puissance publique, État et conseils régionaux en tête, pourrait ainsi soutenir davantage les projets communs de consortiums d'acteurs privés, réunissant des start-up de l'IA et des entreprises du tissu économique traditionnel.

Que se passe-t-il dans le reste du monde ? L'exemple du Royaume-Uni[67]

Au Royaume-Uni, le programme BridgeAI a été lancé en avril 2023 pour stimuler l'adoption de l'IA dans les secteurs de l'économie à faibles gains de productivité et ainsi rehausser leur productivité. Ce programme, doté de 100 millions de livres, cible particulièrement les secteurs de l'agriculture, de la construction, des transports et des industries créatives.

67. Source : direction générale du Trésor, service économique au Royaume-Uni.

Enfin, l'État doit davantage jouer un rôle de primo-adoptant de la technologie, c'est-à-dire contractualiser avec des entreprises, notamment petites, qui développent des solutions innovantes, capables d'avoir un impact majeur, mais qui ne sont pas encore stabilisées, faute de clients. Une telle démarche contribue également au développement de l'écosystème et permet à l'État d'avoir un rôle d'exemple dans l'adoption de l'IA, vis-à-vis des entreprises.

> **Recommandation n° 20.** Inciter, faciliter et amplifier le recours aux outils d'IA dans l'économie française en favorisant l'usage de solutions européennes.

ACCÉLÉRER LE DÉPLOIEMENT DE L'INTELLIGENCE ARTIFICIELLE DANS LA CULTURE

Les chaînes de valeur des secteurs culturels et des médias nationaux devront s'engager dans une transition rapide, parfois importante. La transition a débuté dans la presse (sélection, documentation, vérification, labellisation des contenus) ; elle est en cours dans les grandes agences d'information (Associated Press, Reuters, Agence France-Presse) et de photographies (Getty Images) ; l'appropriation est rapide dans les grands groupes de communication (Publicis). Elle se déploie encore dans des secteurs culturels à forte intensité technologique, comme l'animation et bien sûr les jeux vidéo (Ubisoft ou Mac Guff). L'utilisation d'IA s'est portée principalement sur des tâches répétitives, engendrant des gains pouvant être investis vers plus de qualité d'information, de créativité et de différenciation.

Les usages de l'IA dans les autres secteurs sont variés. Certains sont moins sensibles – que l'on songe au spectacle vivant hors des aspects techniques (son, lumière). La plupart peuvent y recourir dans les processus créatifs, comme dans l'architecture et déjà dans

le jeu vidéo avec de nouvelles interactions avec les joueurs. Les IA participent déjà à la production et la postproduction pour les effets visuels et sonores dont l'emploi devrait progresser dans l'audiovisuel, le cinéma ou la musique (mixage, arrangement…). Cependant, des activités entières et des emplois sont évidemment affectés par l'essor de l'IA : traduction, doublage, figuration, photographie…

La recherche de gains de productivité se répand. Dans l'édition de livres ou de musique, elle tend à se développer (sélection de manuscrits ou musiques, détection de talents). Elle peut comme dans toute l'économie accroître l'efficacité de la distribution physique (livres, disques). Couplés avec la diffusion en ligne, ce sont les segments du marketing relationnel et individualisé qui semblent les plus prometteurs pour les IA à la recherche des goûts et préférences. Cet emploi de l'IA n'est pas sans risque en termes de diversité culturelle, informationnelle et de découvrabilité. Car c'est sur le segment de la commercialisation et du marketing que se joue la mutation la plus importante. L'IA peut conduire à raréfier et homogénéiser la création. Elle s'accompagne d'une forte polarisation des acteurs : d'un côté, un petit nombre d'acteurs puissants pour une offre de blockbusters pour de vastes publics ; de l'autre, un tissu plus fragile d'acteurs petits et moyens souvent au cœur du renouvellement de la créativité.

L'enjeu consiste donc à permettre la réussite du virage de l'IA grâce à l'accélération et la structuration d'un écosystème. Or l'actuel écosystème de conception d'IA spécialisées existe, mais est naissant : génération et simulation de foules en 3D (Golaem), Face Engine (Mac Guff) pour le traitement d'images de visages, colorisation d'archives de films (Composite Films), ChatBox de médiation culturelle (Ask Mona), transformation d'images (Photoroom), usages de voix (DeepVoice de l'Ircam). Ces nouveaux outils ont pour champ de croissance les secteurs culturels et tout secteur qui fait appel à la création (publicité, luxe, industrie textile, *design*). Il convient de soutenir cet écosystème d'acteurs appuyés sur la recherche, mais

aussi de prendre en compte le tissu industriel des ETI et PME culturelles en évitant une polarisation de l'économie de la culture et des médias.

Recommandation n° 21. Faciliter l'appropriation et l'accélération des usages de l'IA dans la culture et les médias pour limiter la polarisation entre grands groupes et petits acteurs et lutter contre la désinformation.

Responsabilité : maîtriser, auditer, protéger

Bâtir une gouvernance internationale qui fait aujourd'hui défaut

La prise de conscience généralisée des progrès fulgurants réalisés dans le domaine de l'IA a suscité un foisonnement d'initiatives de portée internationale sur le thème de l'IA. Au total, on dénombre pas moins d'une cinquantaine d'initiatives auxquelles la France est le plus souvent partie !

L'année 2023 a été particulièrement riche en débats. Dans le cadre de l'ONU, un comité consultatif de haut niveau sur l'IA auprès du secrétaire général a été annoncé. Dans le cadre de l'Unesco, un nouveau sommet mondial sur l'éthique de l'intelligence artificielle a été préparé et s'est tenu début février dernier. Dans le cadre du G7, le processus dit « de Hiroshima » a conduit à plusieurs déclarations communes sur le développement et l'encadrement des systèmes d'IA. Par ailleurs, le Royaume-Uni a organisé un sommet sur les risques liés à l'IA en novembre 2023.

Ces événements prolongent un premier ensemble de travaux sur le développement de cette technologie. Au sein de l'Union

européenne, le groupe d'experts de haut niveau sur l'IA mis en place en 2017 a posé les bases du règlement sur l'intelligence artificielle. Au sein de l'OCDE, un réseau d'experts et un observatoire des politiques relatives à l'IA ont été installés en 2018, conduisant à l'établissement de principes directeurs sur l'IA (2019), d'un cadre de classification des systèmes d'IA (2022) et d'une plateforme de suivi des incidents liés à l'IA (2023).

Les États ont aussi porté des projets communs. En 2020, le programme mondial pour l'intelligence artificielle (PMIA) a été lancé sous l'impulsion de la France et du Canada, afin de développer une expertise scientifique robuste sur l'IA et de formuler des recommandations concrètes pour le développement de systèmes d'IA responsables et respectueux des droits humains. Le PMIA rassemble une solide communauté de parties prenantes, avec 29 États membres de tous les continents et de tous les niveaux de développement, ainsi que des experts de l'industrie, du monde universitaire, de la société civile. Le PMIA a par exemple travaillé sur l'intégration des systèmes d'IA dans les organisations et ses effets sur l'emploi, et sur le recours à l'IA par les petites et moyennes entreprises.

Faut-il aller plus loin que ces initiatives ? Oui car elles ne constituent pas une véritable gouvernance internationale de l'IA. D'une part, les travaux menés jusqu'à présent relèvent de l'analyse, de la déclaration ou de la recommandation et n'ont pas de portée contraignante. D'autre part, les initiatives sont dispersées et aucune d'entre elles ne dispose isolément ni des moyens ni de la légitimité suffisante pour assurer une gouvernance efficace de l'IA au niveau international.

Notre Commission considère qu'une gouvernance mondiale doit aujourd'hui émerger de ce concert d'initiatives et recommande la fondation, lors du sommet sur l'IA accueilli par la France, d'une Organisation mondiale de l'IA (World AI Organization). Intéressons-nous donc à quatre questions clés liées à cette organisation : sa composition, ses missions, son fonctionnement et sa temporalité.

Recommandation n° 22. Structurer une initiative diplomatique cohérente et concrète visant la fondation d'une gouvernance mondiale de l'IA.
Recommandation n° 23. Structurer dès maintenant un écosystème national ouvert de gouvernance de l'IA.

Une gouvernance, composée de qui ? La participation des États est bien sûr indispensable, car ils ont la capacité de conclure des traités et de les rendre applicables sur leur territoire. Cependant, les progrès de la recherche en IA et la diffusion mondiale de la technologie sont très fortement le fait de très grandes entreprises privées à dimension mondiale. Qu'on le regrette ou non, la légitimité de la dimension interétatique ne suffit donc pas, à elle seule, à concevoir une gouvernance de l'IA à l'échelle internationale qui soit pleinement effective. Par ailleurs, à l'ère numérique, la société civile est incontournable. Très largement utilisatrice, elle est aussi contributrice au développement et à la diffusion de l'IA, avec un ensemble de principes et de référentiels culturels qui fondent par exemple l'*open source*.

Nous écartons ainsi plusieurs schémas existants de gouvernance. Le modèle de gouvernance fondé exclusivement sur des relations interétatiques, tel que celui hérité des organisations internationales du XXe siècle, serait incomplet. De même, une gouvernance de l'IA constituée autour des seules composantes de la société civile internationale, même largement entendue (associations, organisations non gouvernementales, entreprises, structures de recherche, etc.), serait en grande partie dépourvue d'effectivité. En particulier, le poids de quelques grandes entreprises de l'IA ne permet pas de s'inspirer du modèle du secteur aérien qui verrait se confronter seules face à face, d'un côté, une organisation dotée de compétences de normalisation réunissant ces seuls acteurs privés commerciaux – l'Association internationale de l'aéronautique commerciale (IATA) – et, de l'autre côté, une organisation interétatique, sous l'égide de l'ONU, dotée

d'une compétence de réglementation et de régulation – l'Organisation de l'aviation civile internationale (OACI).

La gouvernance de l'IA doit donc être d'un genre nouveau. Pour assurer pleinement la légitimité et l'effectivité de son action, la gouvernance devrait être constituée, à parts égales, d'une part, de représentants des États et des organisations interétatiques et, d'autre part, de représentants individuels répartis en quatre collèges correspondant aux ensembles d'acteurs clés de l'IA (recherche, structures privées d'intérêt général, entreprises, territoires).

Une organisation, pour quelles missions ? Le traité constitutif de l'Organisation mondiale de l'IA lui confierait un ensemble de compétences. Celles-ci seraient de trois ordres. Premièrement, l'organisation serait chargée d'établir des normes contraignantes sur les systèmes d'IA, notamment en matière de standardisation des processus d'audit de l'IA. Deuxièmement, à la manière du GIEC, elle serait chargée de faire un état des connaissances sur l'évolution des systèmes d'IA et ses impacts. Troisièmement, elle déciderait des orientations stratégiques pour des projets d'intérêt général mondial, par exemple en matière d'outils d'IA au profit de la transition environnementale. Le financement des projets en tant que tel serait confié à un fonds international spécifique (voir ci-dessous).

Une organisation, fonctionnant comment ? L'assemblée générale de l'organisation rassemblerait l'ensemble des représentants des États et des représentants individuels. Un organe exécutif collégial restreint (au maximum 10 personnes) serait chargé d'assurer, non seulement le fonctionnement et la gestion, mais aussi la conduite des projets de l'organisation.

Le financement de cette organisation pourrait être assuré de manière pérenne à parts égales par les États et l'ensemble des composantes non étatiques en étant suffisant pour garantir une participation effective des acteurs non étatiques et pour assurer une expertise forte et reconnue. Afin de garantir la confiance de l'ensemble des acteurs, les missions de standardisation et de normalisation, notamment en matière

d'audit, pourraient être confiées à une instance spécialisée, dotée d'une grande autonomie et de garanties fortes d'impartialité. La gouvernance de cette structure spécialisée pourrait être composée de personnes de confiance élues ou désignées par les différentes composantes et collèges de l'organisation principale, à la manière d'un trust anglo-saxon, et des professionnels techniques nationaux ou régionaux. Au-delà de son expertise propre, cette instance pourrait s'appuyer notamment sur des représentants des professions d'experts techniques nationales ou régionales (CEN-Cenelec, etc.).

Une organisation, à quel moment ? Le sommet sur l'IA qu'accueillera la France fin 2024 ou début 2025 constitue l'occasion de fonder cette gouvernance mondiale de l'IA. Dans cette perspective, il apparaît nécessaire de construire dès à présent ce projet, avec les partenaires diplomatiques de la France ainsi que les acteurs non étatiques appelés à participer à cette future organisation. En amont et en aval du sommet, un ensemble d'actions pourraient être organisées afin de mobiliser la société civile en France et à l'étranger.

Le sens d'une candidature française pour accueillir l'Organisation mondiale de l'IA

Sans être en tête de la compétition internationale dans le domaine de l'IA, la France contribue au développement de la technologie et de ses modèles d'affaires. Lieu de formation de grands chercheurs contemporains en IA, la France accentue l'effort de recherche et de formation depuis le rapport de 2018 de C. Villani (lauréat de la médaille Fields). Dans le même temps, son tissu d'entreprises de l'IA prend de l'ampleur, avec par exemple deux entreprises figurant au classement des modèles de fondation les plus précis (sur douze dans le monde[68]).

68. Centre de recherche sur les modèles de fondation de Stanford (janvier 2024).

Par ailleurs, la France s'est engagée ces dernières années à poser les premières briques d'une gouvernance mondiale. Cofondateur du PMIA avec le Canada, elle accueille aussi à Paris le siège de l'OCDE, qui mène d'importants travaux dans le domaine de l'IA.

En outre, au sein de l'Union européenne, la France a exprimé à l'occasion de la négociation du règlement européen sur l'IA une position visant à concilier les deux impératifs de protection et d'innovation. Lors du sommet de Londres de novembre 2023, qui faisait prévaloir des discours fondés sur les risques existentiels, la France a également promu une vision reconnaissant les risques de l'IA, mais aussi soulignant les bénéfices de cette technologie. Cette ligne pourrait contribuer à construire un espace de convergence internationale.

Enfin, dans le contexte actuel de compétition économique accrue entre les États-Unis et la Chine, la France pourrait apparaître comme un point d'équilibre, favorisant l'émergence rapide d'une gouvernance incluant des éléments de régulation, de normalisation et d'audit.

Aux côtés de cette Organisation mondiale de l'IA, la France pourrait promouvoir la création d'un **Fonds international pour l'IA d'intérêt public** (International Fund for Public Interest AI – IFPAI). Ce fonds contribuerait à faire émerger un ensemble de projets bénéfiques pour l'humanité : des services d'IA libres et gratuits (*open source*), des projets de recherche indépendante, des innovations (dans l'environnement, la science, la santé…). Le budget du fonds pourrait être de l'ordre de 500 millions d'euros par an.

Nous suggérons un Fonds international, distinct de l'Organisation mondiale présentée précédemment, pour quatre raisons principales. D'abord, il apparaît nécessaire de séparer – afin de prévenir d'éventuels conflits d'intérêts – la mission d'établir les normes et les standards, qui emporte des enjeux politiques et relèverait donc de la compétence

de l'Organisation mondiale, et la mission de financer des initiatives d'intérêt général mondial (recherche indépendante, construction d'écosystèmes, etc.), qui relèverait de la compétence du Fonds international. Ensuite, un fonds indépendant permet de réunir l'expertise en matière d'évaluation financière, d'accompagnement et de suivi des projets innovants. Par ailleurs, le fonds s'appuiera sur les contributions des donateurs, tandis que l'Organisation mondiale s'appuiera sur les contributions statutaires des États membres et de tiers. Enfin, la constitution d'un fonds permet d'accentuer l'engagement des acteurs non étatiques, avec un conseil d'administration multipartite.

Au-delà de la cristallisation de la gouvernance mondiale, le sommet sur l'IA qu'accueillera la France pourrait être l'occasion de faire progresser la coopération internationale dans quatre directions.

Mettre l'IA au service du bien commun. La France pourrait proposer la création d'un mécanisme d'accès à la puissance de calcul pour les pays en voie de développement, par exemple dans le cadre d'un « **1 % IA** » : tous les acteurs investissant significativement dans la puissance de calcul pourraient s'engager à en allouer 1 % à ces pays.

Favoriser le dynamisme de l'innovation et l'ouverture de l'écosystème. Face au risque de concentration de l'écosystème de l'IA, la France pourrait promouvoir le financement international de communs de l'IA, notamment en matière de données. De bonnes pratiques en matière de politique de la concurrence (voir « Éviter les positions concurrentielles dominantes », p. 193) pourraient également être identifiées et mises en œuvre à l'échelle mondiale.

Préparer l'avenir du travail avec l'IA. Dans le prolongement des travaux de l'Organisation internationale du travail et de notre Commission, la France pourrait porter un projet international d'évaluation de l'impact de l'IA sur l'emploi et le travail, afin de faciliter le dialogue social et l'orientation de la technologie vers la qualité de l'emploi. Elle pourrait également initier une réflexion sur certains métiers se trouvant aujourd'hui au cœur de la chaîne de valeur de l'IA, comme ceux de l'apprentissage par renforcement humain.

Promouvoir des systèmes d'IA sûrs et sécurisés. Le sommet pourrait aboutir au principe de convergence internationale des standards et méthodes d'évaluation des systèmes d'IA afin d'éviter le morcellement des règles de sécurité et de sûreté dans le monde. Ces règles sont destinées à protéger les utilisateurs, mais aussi à créer un cadre de confiance favorable au développement des modèles d'affaires de l'IA.

Disposer en France d'une capacité d'évaluation des systèmes d'IA

Les performances des systèmes d'IA nous étonnent souvent mais leurs limites sont presque aussi évidentes que leurs qualités : quelques échanges avec un robot conversationnel piloté par une IA générative suffisent pour comprendre qu'un système d'IA peut répondre de façon incomplète et trompeuse. Les spécialistes emploient le mot « hallucinations » (ou *confabulations*) pour désigner les résultats erronés ou les faits imaginaires énoncés par un système d'IA générative. Elles sont loin d'être le seul défaut de ces systèmes : des essais ont montré que, mal contrôlés, ils pouvaient produire des résultats discriminatoires ou sexistes, révéler des informations confidentielles présentes dans leurs données d'entraînement, créer des contenus pédopornographiques ou menacer leur utilisateur…

Pour prévenir les risques que peut occasionner l'utilisation des systèmes d'IA générative, les entreprises qui développent ces systèmes les soumettent à des tests poussés et ont recours à diverses techniques pour améliorer la qualité des résultats. Il peut s'agir, par exemple, de fournir à la machine le retour d'un humain pendant la phase d'entraînement, ou encore d'intervenir directement sur l'algorithme pour contrôler les résultats produits. Ces entreprises doivent être en mesure de vérifier et de démontrer que les précautions prises permettent réellement de réduire les risques à un niveau acceptable, mais

aussi, plus simplement, que leurs systèmes remplissent efficacement l'usage pour lequel ils sont prévus. Notons à ce propos qu'il n'est pas évident d'améliorer la qualité en amont d'un modèle général, car il est ensuite amené à être peaufiné pour des usages particuliers. De façon symétrique, les utilisateurs des systèmes d'IA et les pouvoirs publics veulent avoir la garantie que ces systèmes présentent un niveau suffisant de fiabilité et de sécurité. Cette garantie est particulièrement importante lorsque le système est destiné à être utilisé dans un domaine sensible, comme la santé humaine, le maintien de l'ordre ou le recrutement. Les pouvoirs publics doivent, en outre, être en mesure de suivre dans la durée l'évolution des performances et des biais des systèmes d'IA afin d'anticiper de nouveaux risques.
Ce besoin d'évaluation selon des standards partagés dépasse la simple performance, puisqu'il concerne aussi bien les biais sociaux (comme la discrimination) que l'impact environnemental. Tout ceci implique de disposer de capacités d'évaluation holistique des systèmes d'IA, qui soit fiable et dont la fiabilité soit reconnue par tous.
La demande d'évaluation viendra d'une part de la capacité des vendeurs de systèmes d'IA à se différencier grâce à ces évaluations et d'autre part d'obligations réglementaires. L'offre pour sa part sera facilitée par une clarification des standards d'évaluation et des normes.
Du point de vue des obligations réglementaires, un cadre pour l'évaluation des systèmes d'IA est en cours de mise en place. Le règlement européen sur l'intelligence artificielle, en cours d'adoption, impose la réalisation d'une évaluation de conformité des systèmes d'IA dits « à haut risque » préalablement à leur mise sur le marché. Cette évaluation vient s'ajouter à celles qui sont prévues par de nombreuses réglementations sectorielles déjà applicables : un appareil de radiographie intégrant une IA est avant tout un équipement médical ; il doit être évalué dans les mêmes conditions et présenter les mêmes garanties de fiabilité et de sécurité qu'un appareil de radiographie « classique ». Des initiatives de même nature sont en cours dans d'autres régions du monde.

Qui mettra en œuvre le règlement sur l'IA ?

L'objectif du règlement européen sur l'IA est de fournir un cadre favorable au développement de l'IA dans l'Union européenne, en tirant notamment avantage de la taille du marché unique, tout en apportant de solides garanties quant à la protection des droits fondamentaux. Le règlement fixe un ensemble de règles communes pour la mise sur le marché et l'utilisation des systèmes d'IA, mais différenciées selon le degré de risque associé à ces systèmes. Il prévoit une gouvernance complexe.

Au niveau européen, quatre instances sont créées. Le « bureau européen de l'IA » est la principale instance d'application du règlement. Un « panel scientifique » d'experts indépendants appuie le bureau dans l'exercice de ses missions. Un « comité européen de l'IA » rassemble les États à des fins de coordination et de partage de bonnes pratiques. Enfin, un « forum consultatif » réunit des acteurs économiques et de la recherche pour apporter une expertise technique à l'Union et aux États membres.

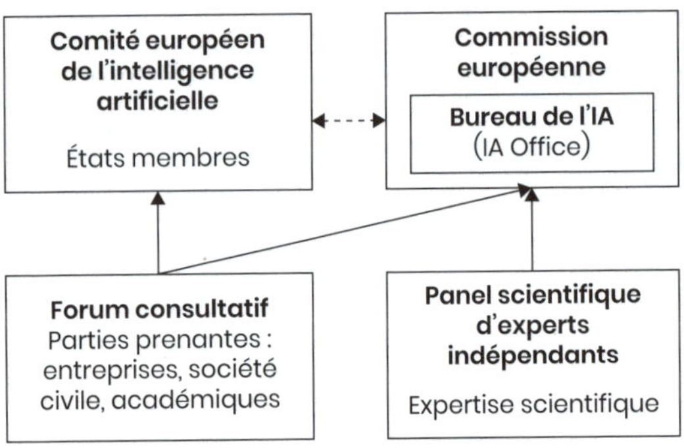

Au niveau national, la mise en œuvre du règlement sur l'IA s'appuie sur deux ensembles d'acteurs. D'une part, les autorités dites notifiantes, qui sont chargées de désigner (« notifier ») et de contrôler les organismes qui évaluent la conformité des systèmes d'IA mis sur le marché européen. D'autre part, les autorités de surveillance

du marché, qui sont chargées de surveiller des enjeux propres à l'IA (supervision des tests par exemple) ou des enjeux sectoriels au croisement avec l'IA (marché financier, protection des données, répression des fraudes…).

Dans ce contexte, notre Commission souligne l'intérêt de désigner des autorités de surveillance du marché en privilégiant la compétence et la connaissance du marché en cause, sans chercher à désigner une autorité unique. Il sera donc nécessaire de soutenir la montée en compétences de ces organismes, notamment *via* la mise à disposition de moyens mutualisés.

S'il existe des standards, ils continuent d'évoluer dans cet écosystème encore naissant. Ces standards doivent traduire en solutions techniques les exigences imposées aux systèmes d'IA, par exemple en termes de robustesse ou de fiabilité. Il s'agit de répondre de façon concrète à des questions telles que : qu'est-ce qu'une IA fiable dans le domaine médical ? qu'est-ce qu'une IA non biaisée dans le domaine du recrutement ?

La définition rapide de standards permettant l'évaluation des systèmes d'IA est dans l'intérêt de tous, industrie comprise, car elle en a besoin tant pour remplir ses obligations réglementaires que pour créer la confiance et la différenciation. En l'absence de standards permettant d'évaluer effectivement les performances des systèmes d'IA, de nombreux marchés pourraient rester fermés aux solutions d'IA. La définition de ces standards n'est cependant pas uniquement un enjeu économique et juridique, c'est aussi un enjeu politique, car il s'agit de donner un contenu concret aux valeurs que doivent respecter les systèmes d'IA. Cette question ne peut pas être laissée entièrement entre les mains des entreprises.

En Europe, les normes harmonisées sur lesquelles repose l'application du règlement sur l'IA sont appelées à jouer un rôle central. La Commission européenne a donné mandat au Comité européen

de normalisation appelé CEN-Cenelec pour les établir, avec un objectif ambitieux : être prêt dès l'entrée en vigueur du règlement, en 2026. Sur le plan mondial, de nombreuses enceintes mènent des travaux afin de définir les standards et méthodes nécessaires à l'évaluation des systèmes d'IA, qu'il s'agisse d'organismes de normalisation (l'ISO, au niveau mondial, le NIST, aux États-Unis, le BSI, au Royaume-Uni…) ou de forums « privés ».

Malgré leur caractère technique, la Commission considère que plusieurs enjeux doivent être portés à haut niveau.

Premièrement, les standards devraient être harmonisés au niveau mondial, malgré le foisonnement d'initiatives. Ce sujet devrait donc être pris en compte dans la gouvernance internationale à mettre en place (voir « Bâtir une gouvernance qui fait aujourd'hui défaut », p. 253). Au niveau européen, l'application de l'*IA Act* devrait se faire de façon harmonisée en Europe pour éviter toute course au moins-disant entre États membres.

Deuxièmement, les standards à définir devront être évolutifs : l'IA investit de nouveaux domaines, les besoins en matière d'évaluation des systèmes d'IA évolueront parallèlement. Surtout, il est peu probable qu'une réponse définitive aux questions posées par l'évaluation des systèmes d'IA puisse être trouvée du premier coup. Il s'agira plus vraisemblablement d'un processus itératif, comme on l'a vu dans le domaine de la cybersécurité. Des travaux restent d'ailleurs nécessaires sur de nombreux sujets. Ainsi, le recours à des équipes indépendantes pour mener des tests adversaires (*red teaming*) est considéré comme une méthode d'évaluation très prometteuse, déjà utilisée d'ailleurs par certaines entreprises, mais il n'y a pas encore de consensus sur ce que constitue une approche efficace et exhaustive en la matière. D'autres sujets relèvent encore de travaux de recherche, comme le développement de techniques de désapprentissage machine, permettant de faire « oublier » à un système d'IA générative une donnée ou une information ingurgitée lors de son entraînement.

Troisièmement, les normes et notamment la définition des obligations de pratiques de documentation et d'évaluation devront être définies en tenant compte de la réalité des pratiques de développement de systèmes d'IA. Les développeurs utilisent aujourd'hui de nombreux outils de documentation automatique et d'évaluation de la performance et des biais de leurs systèmes. Les grilles de mesures doivent être définies et harmonisées, mais elles gagneraient à s'inscrire facilement dans ces outils. Pour le dire clairement, la conformité à l'*IA Act* peut devenir un poids en forçant à une documentation manuelle très lourde pour de petites entreprises, ou être un exemple de régulation technologique. Pour assurer une mise en œuvre au plus proche des usages, évolutive et technologique, la Commission propose d'anticiper la mise en œuvre de l'*IA Act* en France, et notamment de désigner des autorités de surveillance au plus près des marchés, soutenues par des capacités mutualisées d'évaluation renforcées. Concentrer l'ensemble de la mise en œuvre du règlement IA en France dans une seule autorité (comme un AI Safety Office français) réduirait la résilience de l'écosystème français et limiterait la montée en compétences des autorités sectorielles. Si l'IA est bien une technologie à usage général, toutes les autorités sectorielles doivent s'en préoccuper.

Du point de vue de l'offre, il est nécessaire de faire émerger une capacité d'audit des systèmes d'IA qui soit indépendante des fournisseurs. Pour cela, à l'appui du règlement européen sur l'IA, il convient d'accompagner la montée en compétences des organismes intervenant dans l'évaluation de conformité des systèmes d'IA (appelés « organismes notifiés ») dont le règlement prévoit la désignation. Il semble également opportun d'encourager la certification des systèmes d'IA, qui peut constituer un avantage concurrentiel pour les entreprises qui y ont recours et pour laquelle un certain nombre de programmes sont d'ores et déjà disponibles[69].

---

69. Afnor Certification et le LNE, notamment, ont mis en place des certifications portant sur l'IA.

Enfin, la capacité d'évaluation et d'audit devra être complétée par le développement de solutions de sécurisation des systèmes d'IA. Il s'agit par exemple de permettre de détecter des cyberattaques (des modèles d'IA ou avec des modèles d'IA) ou de mener des actions de protection ou de remédiation.

Recommandation n° 24. Doter la France et l'Europe d'un écosystème d'évaluation public et privé des systèmes d'IA au plus proche des usages et des derniers développements technologiques.

Éviter les positions concurrentielles dominantes

Le début des années 2000 a marqué l'émergence de géants du numérique, en particulier Alphabet, Apple, Meta, Amazon et Microsoft, qui dominent aujourd'hui la majorité des segments de la chaîne de valeur des technologies numériques. Le manque de réactivité de la politique de la concurrence, aux États-Unis comme en Europe, a permis cet état de fait. Or le développement de l'IA confirme et renforce le risque de concentration de la chaîne de valeur du numérique.

Limiter les positions concurrentielles dominantes favorise la croissance et une juste répartition des gains économiques. Il est donc crucial d'étudier, mais plus encore d'anticiper l'évolution concurrentielle de la chaîne de valeur de l'IA pour permettre le bon exercice de la concurrence. Les institutions européennes devront donc faire des enjeux concurrentiels liés à l'IA une des priorités de leurs actions, afin que les marchés puissent rester contestables[70],

70. Un marché est contestable s'il est possible pour de nouveaux producteurs d'entrer et pour des producteurs actuels de sortir dans des conditions supportables, *i.e.* si les barrières à l'entrée et à la sortie sont acceptables.

c'est-à-dire que les barrières à l'entrée de nouvelles entreprises et à la sortie d'entreprises existantes soient limitées. Les enjeux concurrentiels apparaissent à différents échelons de la chaîne de valeur de l'IA.

En amont, le poids largement prépondérant d'un seul acteur sur le marché de la conception des processeurs graphiques (GPU), qui sont une brique essentielle pour l'entraînement et l'optimisation des grands modèles de langue, génère des risques de comportement anticoncurrentiel. Par ailleurs, comme l'indique l'autorité de la concurrence dans son avis de juin 2023[71], le secteur du *cloud*, également en amont de la chaîne de valeur de l'IA, est dominé par trois grands acteurs, les *hyperscalers* (Amazon Web Services, Google Cloud Platform et Microsoft Azure). En 2021, ces trois acteurs représentaient 80 % de la croissance des dépenses en infrastructures et applications de services *cloud* public en France. Ces entreprises, aussi bien en raison de leur puissance financière que de leur écosystème de services numériques très riche, sont en mesure d'entraver la bonne concurrence sur la chaîne de valeur.

En aval, la vente liée (*bundling*, en anglais) est une perspective préoccupante. Elle consiste, pour des acteurs présents sur un segment de la chaîne de valeur, à proposer une offre commerciale composée, en plus du produit principal, de produits (logiciels par exemple) supplémentaires sur d'autres segments de la chaîne de valeur. Cet enjeu n'est pas propre à la chaîne de valeur de l'IA, puisqu'il existe depuis le début de la révolution numérique (on peut penser à la commercialisation de la suite Microsoft Office par exemple). Si cette pratique commerciale n'est pas anticoncurrentielle par nature, elle peut induire des comportements répréhensibles, et il est important de les identifier.

Au cœur de la chaîne de valeur, la vigilance est de mise en matière de concentration. En effet, les entreprises américaines les plus

71. Avis 23-A-08 du 29 juin 2023 portant sur le fonctionnement concurrentiel de l'informatique en nuage (*cloud*).

prometteuses sur le développement des plus grands modèles, dits de fondation, sont déjà liées à des acteurs historiques de la révolution numérique (bien que selon des manières différentes) : OpenAI à Microsoft et Anthropic à Amazon et Google. Même si ces entreprises ne sont pas formellement contrôlées par ces acteurs historiques, les financements des géants du numérique pourraient constituer une forme de contrôle et soulèveraient donc des enjeux concurrentiels. Les pouvoirs publics ne sont pas démunis face à ces enjeux. L'entrée en vigueur du règlement sur les marchés numériques (*Digital Markets Act*, DMA) au premier semestre 2023 a pour objectif de permettre aux marchés dans le secteur numérique de rester contestables et équitables. Plus précisément, cette réglementation vise à empêcher qu'une grande plateforme jouissant d'une position de « contrôleur d'accès » (*gatekeeper*) vis-à-vis d'un grand nombre d'utilisateurs n'abuse pas de cette position en empêchant des entrants potentiels d'accéder à ces utilisateurs, et donc à ce marché.

Ainsi, le DMA définit un cadre clair, qui permettra de répondre à la majorité des enjeux concurrentiels du secteur numérique « historique ». Il devrait permettre de s'attaquer aux comportements anticoncurrentiels en aval de la chaîne de valeur : on peut penser à celui de la vente liée, ou à la réutilisation de données personnelles collectées grâce à l'utilisation d'un premier produit (par exemple la collecte de données personnelles *via* un système de messagerie pour faire de la publicité ciblée sur un réseau social appartenant à la même plateforme). Le DMA devrait également permettre de s'intéresser aux problèmes de concentration sur certains marchés numériques, situation dans laquelle un faible nombre d'acteurs voire un seul acteur domine le marché, grâce à l'obligation faite aux contrôleurs d'accès de déclarer l'ensemble de leurs acquisitions, y compris celles de petites entreprises dont l'acquisition passait jusqu'ici sous les radars de la Commission européenne.

Toutefois, le DMA répond à ces enjeux au travers d'un prisme bien défini, celui des plateformes. Or la chaîne de valeur de l'IA, encore

émergente et sujette à de nombreuses évolutions, ne convergera pas nécessairement vers un mode de fonctionnement exclusif du type « plateforme en ligne ». C'est pourquoi le DMA tel qu'il existe actuellement pourrait ne pas être opérant pour traiter l'ensemble des enjeux concurrentiels de la chaîne de valeur de l'IA, mais plutôt certains points (référencement sur les moteurs de recherche, portabilité des données, interopérabilité des agents personnels par exemple).

Ainsi, le DMA est en mesure d'apporter des solutions aux enjeux concurrentiels présents sur la chaîne de valeur de l'IA tant que ces enjeux sont reliés à une problématique de plateforme. Il ne sera probablement pas suffisant pour couvrir tous les enjeux concurrentiels. Ce règlement mériterait donc d'être complété pour tenir compte des spécificités de l'IA. Enfin, à moyen terme, il convient d'envisager un changement de doctrine de la politique de concurrence, en passant d'un système *statique* (quelles parts de marché détient *aujourd'hui* cette entreprise ?) à une vision *dynamique* (quelles parts de marché pourrait *demain* détenir cette entreprise et quelles entreprises pourraient *demain* entrer sur ce marché ?), permettant d'anticiper les concentrations plutôt que d'attendre de pouvoir les constater.

Recommandation n° 25. Assurer un suivi de l'évolution des concentrations de marché et mettre en place, rapidement, la réglementation nécessaire pour éviter les abus de position dominante.

Nos recommandations

Le plan proposé par notre Commission inclut 25 recommandations, qui représentent un engagement annuel d'environ 5 milliards d'euros au cours des cinq prochaines années. Les moyens peuvent être répartis selon cinq grandes catégories : l'appropriation collective, la formation et la recherche ; le déploiement de l'IA au service des citoyens ; les investissements technologiques et industriels ; la diffusion de l'IA dans l'économie ; la gouvernance française, européenne et mondiale.

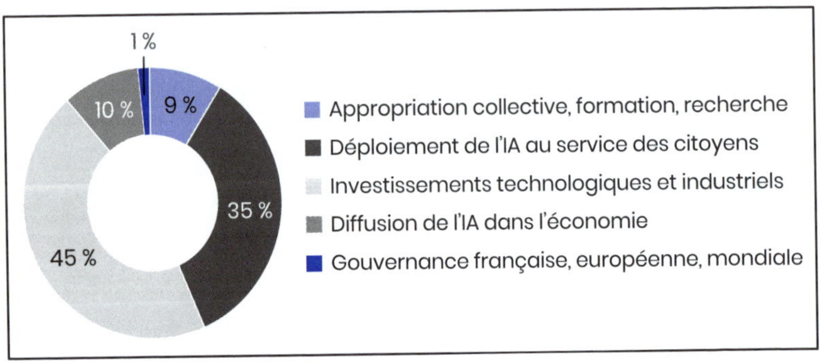

	Recommandations	Impact financier en 5 ans (millions d'euros)
1	Créer les conditions d'une appropriation collective de l'IA et de ses enjeux afin de définir collectivement les conditions dans lesquelles elle s'insère dans notre société et nos vies quotidiennes. *Pilote : ministère de la Cohésion des territoires*	10
2	Investir dans l'observation, les études et la recherche sur les impacts des systèmes d'IA sur la quantité et la qualité de l'emploi. *Pilotes : ministère du Travail ; ministère de la Fonction publique*	5
3	Faire du dialogue social et professionnel un outil de coconstruction des usages et de régulation des risques des systèmes d'IA. *Pilote : ministère du Travail*	0
4	Porter une stratégie de soutien à l'écosystème d'IA ouverte au niveau international en soutenant l'utilisation et le développement de systèmes d'IA ouverts et les capacités d'inspection et d'évaluation par des tiers. *Pilotes : ministère de l'Enseignement supérieur et de la Recherche ; ministère de l'Économie*	0
5	Faire de la France un pionnier de l'IA pour la planète en renforçant la transparence environnementale, la recherche dans des modèles à faible impact, et l'utilisation de l'IA au service des transitions énergétique et environnementale. *Pilotes : ministère de l'Europe ; ministère de la Recherche*	100
6	Généraliser le déploiement de l'IA dans toutes les formations d'enseignement supérieur et acculturer les élèves dans l'enseignement secondaire pour rendre accessibles et attractives les formations spécialisées. *Pilotes : ministère de l'Enseignement supérieur et de la Recherche ; ministère de l'Éducation nationale*	1 200

7	Investir dans la formation professionnelle continue des travailleurs et dans les dispositifs de formation autour de l'IA. *Pilotes : ministère du Travail ; ministère de la Fonction publique*	200
8	Former les professions créatives à l'IA, dès les premières années de l'enseignement supérieur et en continu. *Pilotes : ministère de l'Enseignement supérieur et de la Recherche ; ministère de la Culture*	20
9	Renforcer la capacité technique et l'infrastructure du numérique public afin de définir et de passer à l'échelle une réelle transformation des services publics grâce au numérique et à l'IA, pour les agents et au service des usagers. *Pilote : ministère de la Transformation et de la Fonction publique*	5 500
10	Faciliter la circulation des données et le partage de pratiques pour tirer les bénéfices de l'IA dans les soins, améliorer l'offre et le quotidien des soignants. *Pilote : ministère de la Santé*	3 000
11	Encourager l'utilisation individuelle, l'expérimentation à grande échelle et l'évaluation des outils d'IA pour renforcer le service public de l'éducation et améliorer le quotidien des équipes pédagogiques. *Pilote : ministère de l'Éducation nationale*	1 000
12	Investir massivement dans les entreprises du numérique et la transformation des entreprises pour soutenir l'écosystème français de l'IA et en faire l'un des premiers mondiaux. *Pilotes : services du Premier ministre ; ministère de l'Économie et des Finances*	3 600
13	Accélérer l'émergence d'une filière européenne de composants semi-conducteurs adaptés aux systèmes d'IA. *Pilotes : services du Premier ministre ; ministère de l'Économie et des Finances ; ministère de l'Enseignement supérieur et de la Recherche*	7 700

14	Faire de la France et de l'Europe un pôle majeur de la puissance de calcul installée. *Pilotes : services du Premier ministre ; ministère de l'Économie et des Finances*	1 000
15	Transformer notre approche de la donnée personnelle pour mieux innover. *Pilotes : services du Premier ministre ; ministère de la Justice*	16
16	Mettre en place une infrastructure technique favorisant la mise en relation entre les développeurs d'IA et les détenteurs de données culturelles patrimoniales. *Pilotes : ministère de la Culture et ses opérateurs*	35
17	Mettre en œuvre et évaluer les obligations de transparence prévues par le règlement européen sur l'IA en encourageant le développement de standards et d'une infrastructure adaptée. *Pilote : ministère de la Culture*	0
18	Attirer et retenir des talents de stature internationale avec des compétences scientifiques ou entrepreneuriales et managériales dans le domaine de l'IA. *Pilotes : ministère de l'Économie et des Finances ; ministère des Affaires étrangères*	10
19	Assumer le principe d'une « exception IA » sous la forme d'une expérimentation dans la recherche publique pour en renforcer l'attractivité. *Pilote : ministère de l'Enseignement supérieur et de la Recherche*	1 025
20	Inciter, faciliter et amplifier le recours aux outils d'IA dans l'économie française en favorisant l'usage de solutions européennes. *Pilotes : services du Premier ministre ; ministère de l'Économie et des Finances*	2 600
21	Faciliter l'appropriation et l'accélération des usages de l'IA dans la culture et les médias pour limiter la polarisation entre grands groupes et petits acteurs et lutter contre la désinformation. *Pilote : ministère de la Culture*	60

22	Structurer une initiative diplomatique cohérente et concrète visant la fondation d'une gouvernance mondiale de l'IA. *Pilotes : ministère des Affaires étrangères ; ministère de la Culture ; ministère de l'Économie et des Finances*	300
23	Structurer dès maintenant un puissant écosystème national de gouvernance de l'IA. *Pilotes : services du Premier ministre ; ministère de l'Économie et des Finances ; ministère de la Recherche*	5
24	Doter la France et l'Europe d'un écosystème d'évaluation public et privé des systèmes d'IA au plus proche des usages et des derniers développements technologiques. *Pilote : ministère de l'Économie et des Finances*	15
25	Anticiper les concentrations de marché sur l'ensemble de la chaîne de valeur de l'intelligence artificielle. *Pilote : ministère de l'Économie et des Finances*	0
Ensemble du plan		**27 milliards d'euros**

3

Nos recommandations détaillées

En six mois de travail, notre Commission a auditionné 600 personnes, consulté 7 000 personnes et débattu au cours de 25 séances plénières de l'IA, de son potentiel, de son déploiement et de ses risques.

Ces contacts nous ont conduits à identifier 25 recommandations à destination des pouvoirs publics, composées de près de 120 mesures.

Ces recommandations et mesures ne sont pas toutes du même ordre. Certaines recommandations nous paraissent absolument structurantes, c'est-à-dire que nous les considérons comme indispensables si la France veut mener en Europe une dynamique de maîtrise et de déploiement du plein potentiel de l'IA. Au sein de chaque recommandation, certaines mesures nous paraissent être prioritaires (à mettre en œuvre impérativement), quand d'autres nous paraissent être importantes sans être prioritaires (à mettre en œuvre).

La Commission identifie ainsi six grandes lignes d'action :

➤ Lancer immédiatement un plan de sensibilisation et de formation de la nation (recommandation n° 1).

➤ Réorienter structurellement l'épargne vers l'innovation et créer, à court terme, un fonds « France & IA » de 10 milliards d'euros (recommandation n° 12).

➤ Faire de la France un pôle majeur de la puissance de calcul (recommandation n° 14).

➤ Faciliter l'accès aux données à caractère personnel (recommandation n° 15) et favoriser l'accès à des données culturelles dans le respect des droits de propriété intellectuelle (recommandation n° 16).

➤ Assumer le principe d'une « exception IA » dans la recherche publique (recommandation n° 19).
➤ Promouvoir une gouvernance mondiale de l'IA.

Humanisme : plaçons l'IA à notre service

Permettre une appropriation collective de l'IA

Recommandation n° 1. Créer les conditions d'une appropriation collective de l'IA et de ses enjeux afin de définir collectivement les conditions dans lesquelles elle s'insère dans notre société et nos vies quotidiennes.

Contexte et objectif. *L'appropriation de l'IA est un enjeu à la fois démocratique et économique. Le développement et le déploiement de l'IA entraînent des choix de société, qui nécessitent un débat éclairé. Ce débat doit se faire sur des données fiables et sur une compréhension partagée de la technologie. En effet, ceux qui utilisent la technologie en comprennent mieux le potentiel et en ont moins peur, favorisant également sa diffusion et son impact positif sur notre société.*

MESURES PRIORITAIRES

1. Mettre en œuvre un dispositif massif de sensibilisation et d'appropriation de l'IA pour tous les Français, en aidant des bénévoles à organiser des « Cafés IA » dans des lieux du quotidien. Cette initiative prendrait la forme d'une plateforme mêlant ressources en ligne et outils pour organiser des « Cafés IA » physiques. Les ressources en ligne rassembleraient des textes sur l'IA (avec possibilité

de réagir), des animations, des modules d'initiation au code ou aux principes de l'IA. Les Cafés IA physiques permettraient de s'initier au code, se former sur une thématique, participer à une table ronde animée par des acteurs du numérique. Ils seraient organisés par des bénévoles (professeurs, codeurs, entrepreneurs, etc.), associations ou acteurs de l'inclusion numérique dans des lieux publics (écoles, mairie, Espaces services jeunesse, etc.) ou ouverts ponctuellement (incubateurs locaux de start-up, tiers lieux labellisés, etc.). Les mêmes ressources pourraient être mobilisées par les collectivités souhaitant organiser des temps d'appropriation de l'IA dans le temps périscolaire. Cette initiative serait soutenue par une équipe centrale chargée de répertorier des ressources, d'offrir des conseils aux organisateurs et d'assurer quelques dépenses d'organisation.

2. S'appuyer sur les « Cafés IA » pour forger une vision commune d'une société avec des IA. Identifier quelques sujets sur lesquels organiser une réflexion sociale, par exemple sur les règles d'utilisation et comportement des agents conversationnels dans différents domaines (pour le divertissement des enfants, à l'école, pour les personnes âgées, etc.). Mêler débats physiques (dans le cadre des « Cafés IA » ou en amont du sommet IA prévu en France fin 2024 ou début 2025) et débats en ligne sur le modèle des « assemblées de l'alignement » menées à Taïwan.

3. Accompagner les usagers du service public éloignés du numérique. Élargir à l'IA le champ d'intervention des 4 000 conseillers numériques déployés dans les collectivités et les « maisons France services ».

MESURES IMPORTANTES

4. Lancer une initiative nationale d'appropriation critique des IA génératives, en incitant chacun (élèves, étudiants, retraités, agents publics, etc.) à interroger un modèle de langage en ayant anticipé

les réponses, afin de noter soi-même la qualité de la réponse. Si possible, collecter les questions, réponses et notation pour construire un référentiel partagé.

5. Valoriser et encourager les cas d'usages positifs de l'IA en lançant un concours mensuel #UtopIA.

Ministère pilote : ministère de la Cohésion des territoires
Moyens sur cinq ans (M€) : 10 M€
Dont impact maastrichtien : 10 M€
Moyens annuels (M€) : 2 M€
Dont impact maastrichtien : 2 M€
Levier juridique : sans objet

Faire du dialogue social et de la coconstruction la pierre angulaire du recours à l'IA

Recommandation n° 2. Investir dans l'observation, les études et la recherche sur les impacts des systèmes d'IA sur la quantité et la qualité de l'emploi.

Contexte et objectif. *La recherche autour de l'impact de l'IA sur la quantité et la qualité de l'emploi en France reste parcellaire. Des efforts prospectifs doivent être menés afin de mieux anticiper et prendre les mesures adéquates pour accompagner les travailleurs touchés par les mutations liées à ces technologies.*

MESURES IMPORTANTES

1. **Augmenter significativement le budget des équipes et programmes de recherche pluridisciplinaire** dans le domaine du travail, de l'emploi et de la formation professionnelle des secteurs publics et privés et des transitions liées à l'IA.

2. **Créer un observatoire chargé de cartographier les cas d'usage de l'IA, et ses conséquences sur le travail, l'emploi et ses compétences** en mobilisant des équipes pluridisciplinaires au sein des acteurs publics et privés. Intégrer les partenaires sociaux à l'instance de pilotage de cette instance.

3. **Identifier les principes et bonnes pratiques pour l'introduction de l'IA dans le travail** *via* des commissions spécifiques auprès du ministère du Travail et du ministère de la Fonction publique, dans la continuité des conclusions des Assises du travail et en veillant à associer étroitement les partenaires sociaux au pilotage de ces travaux.

Ministères pilotes : ministère du Travail et ministère de la Fonction publique
Moyens sur cinq ans (M€) : 5 M€
Dont impact maastrichtien : 5 M€
Moyens annuels (M€) : 1 M€
Dont impact maastrichtien : 1 M€
NB : le financement de la recherche pluridisciplinaire est prévu dans le cadre de la recommandation n° 19 sur la recherche en IA
Levier juridique : sans objet

Recommandation n° 3. Faire du dialogue social et professionnel un outil de coconstruction des usages et de régulation des risques des systèmes d'IA.

Contexte et objectif. *Afin d'appréhender et de circonscrire les risques professionnels potentiellement induits par l'IA dans les environnements de travail, il est indispensable d'en faire un objet de dialogue social et professionnel pour garantir aux travailleurs et aux employeurs un cadre propice à une IA de confiance, porteuse de qualification et de promotion sociale.*

MESURES PRIORITAIRES

1. Inviter les partenaires sociaux à inscrire dans l'agenda social la négociation d'un accord national interprofessionnel (ANI) sur le numérique et l'IA, en déclinaison de l'accord européen de 2020 sur les transformations numériques, avec clause de revoyure. Cet accord pourrait intégrer des initiatives de formation et sensibilisation à l'IA.

2. Former et équiper l'Inspection du travail pour lui permettre de faire face aux nouveaux enjeux liés à l'intelligence artificielle.

3. S'assurer que les droits des travailleurs prévus dans le RGPD et le Code du travail vis-à vis de l'IA dans le travail sont bien respectés, notamment que les travailleurs sont bien informés en cas d'utilisation de systèmes de supervision ou d'évaluation de la performance et qu'ils ont un droit effectif à la décision humaine au travail. Rappeler aux partenaires sociaux la possibilité d'inclure les risques liés au management algorithmique dans les documents d'évaluation et de prévention des risques. Les inviter à clarifier les voies de recours et de rectification auprès d'une personne au sein des entreprises. Clarifier les voies de recours pour les travailleurs et les représentants syndicaux.

4. Renforcer le dialogue social préalable au déploiement d'un système d'IA dans le travail, en s'assurant qu'il fait bien l'objet d'informations et de consultations en tant que « nouvelle technologie »,

en prenant appui sur les dispositions existantes du Code du travail et du Code général de la fonction publique et sur des circulaires qui en précisent l'application. En l'absence d'amélioration du dialogue social autour de ces projets, modifier l'article L2312-38 du Code du travail afin d'y insérer une obligation de consultation avant le déploiement de systèmes d'IA dans le recrutement, la gestion du personnel et le contrôle de l'activité des salariés. Lorsque les systèmes d'IA sont évolutifs, ces informations et consultations doivent être périodiques afin de permettre un dialogue social itératif.

MESURES IMPORTANTES

5. Permettre le déploiement d'IA au service du dialogue social, en publiant les accords collectifs anonymisés déjà publiés sur Légifrance sous une version exploitable pour l'entraînement de systèmes d'IA facilitant l'analyse d'un accord collectif. Encourager le développement de systèmes au service du dialogue social (analyse de documents complexes, de données financières, etc.).

6. Promouvoir une initiative internationale pour la transparence des conditions de travail des travailleurs de la sous-traitance impliqués dans l'entraînement des IA (annotation, alignement, etc.).

Ministère pilote : ministère du Travail

Moyens sur cinq ans (M€) : redéploiement de crédits (0 M€)

Dont impact maastrichtien : 0 M€

Moyens annuels (M€) : redéploiement de crédits (0 M€)

Dont impact maastrichtien : 0 M€

NB : le financement de la formation et de l'équipement de l'Inspection du travail ainsi que celui de la publication de la base de données sont prévus dans la recommandation n° 9 sur le service public

Levier juridique : sans objet

Former : sans délai, massivement et en continu

Recommandation n° 6. Généraliser le déploiement de l'IA dans toutes les formations d'enseignement supérieur et acculturer les élèves dans l'enseignement secondaire pour rendre accessibles et attractives les formations spécialisées.

Contexte et objectif. *La France dispose déjà de formations de niveau international en IA et a augmenté leur capacité d'accueil. Cette dynamique doit être poursuivie avec l'objectif de toucher tous les étudiants d'une génération dans tous les établissements d'enseignement supérieur. Ces efforts doivent être couplés à une initiation progressive à l'IA dans le second degré pour permettre à toutes les jeunes générations de se l'approprier et créer une dynamique d'orientation vers les formations concernées.*

MESURES PRIORITAIRES

1. Sensibiliser tous les étudiants et les enseignants-chercheurs à l'IA. Coconstruire pour ce faire un socle de connaissances et compétences à acquérir avec le MESR, des enseignants-chercheurs, les associations des présidents et directeurs d'établissements d'enseignement supérieur, en s'inspirant de la méthode retenue pour la formation à la transition écologique. Faciliter la mutualisation de ressources pédagogiques. Prévoir un module « cyber » dans les formations à l'intelligence artificielle.

2. Développer l'offre de formation hybride « IA + X » et « X + IA » dans tous les établissements d'enseignement supérieur *via* notamment des mécanismes de mutualisation des dispositifs de formation issus des appels à manifestation d'intérêt « compétences et métiers

d'avenir » et « IA Cluster ». S'assurer que les formations « X + IA » ainsi développées permettent vraiment une mise à niveau sur la compréhension et la maîtrise technique de l'IA. L'école française de l'IA (EFELIA), mise en place par les instituts interdisciplinaires d'intelligence artificielle, pourrait proposer une offre de service et d'accompagnement pour les établissements qui ne disposent pas d'assez de ressources pour construire cette offre de formation.

3. Déployer une plateforme de recueil de candidatures des professionnels de l'IA souhaitant participer à la formation des étudiants en tant que vacataires, et sur laquelle les établissements d'enseignement supérieur pourront s'appuyer pour déployer leur offre de formation. Prévoir que cette plateforme recueille les informations administratives nécessaires et qu'elles ne soient pas redemandées par les établissements d'enseignement supérieur, selon le principe du « dites-le-nous une seule fois ».

4. Amplifier les initiatives de formation au numérique et à l'IA à destination des femmes afin de féminiser le vivier des compétences techniques. Apporter de la visibilité aux réseaux d'entraide de femmes dans l'industrie de la *tech*. Tester différentes modalités d'enseignement du code et de l'IA afin d'attirer des jeunes filles (application à des cas d'usage concrets, accent mis sur la logique plutôt que sur les mathématiques, etc.).

MESURES IMPORTANTES

5. Encourager les enseignants à utiliser l'IA dans les formations de leurs disciplines, avant d'intégrer la formation à l'IA dans les nouveaux programmes, *via* un parcours interdisciplinaire de formation à l'IA. Ce parcours et ces évolutions des programmes doivent permettre aux élèves d'appréhender l'IA dans ses dimensions historiques, éthiques, sociétales et scientifiques. En assurer annuellement le suivi pédagogique. Ne pas négliger l'insertion de l'IA dans les disciplines artistiques.

6. Accroître la visibilité internationale de masters spécialisés en IA reconnus afin de diversifier l'offre sur le territoire national et d'attirer davantage de talents.

> **Ministères pilotes :** ministère de l'Enseignement supérieur et de la recherche ; ministère de l'Éducation nationale
> **Moyens sur cinq ans (M€) : 1 200 M€**
> Dont impact maastrichtien : 1 200 M€
> **Moyens annuels (M€) : 240 M€**
> Dont impact maastrichtien : 240 M€
> **Levier juridique** : sans objet

Recommandation n° 7. Investir dans la formation professionnelle continue des travailleurs et dans les dispositifs de formation autour de l'IA.

Contexte et objectif. *L'introduction de l'IA générative dans les organisations de travail se traduira principalement par une transformation de tout ou partie des tâches propres à de nombreux métiers. Le système de formation doit en conséquence se préparer à répondre à une demande croissante des besoins des actifs en vue de leur sensibilisation, de leur adaptation et de leur reconversion.*

MESURES PRIORITAIRES

1. Diffuser les outils de sensibilisation à l'IA, ses usages et ses enjeux éthiques, comme « PIX » (en l'enrichissant de contenu sur l'IA) ou « objectif IA ».

2. Garantir aux demandeurs d'emploi l'accompagnement et la formation en matière des usages de l'IA pour favoriser leur accès ou

leur retour sur le marché du travail, en partenariat entre les opérateurs de compétences (Opco), les conseils régionaux et France Travail.

3. Apporter de la lisibilité aux formations à l'IA en modernisant les classifications des certifications et des métiers utilisées par France Compétences et France Travail. Au minimum, cette modernisation devrait permettre d'intégrer les métiers liés à l'IA. Idéalement, elle devrait permettre d'aborder ces métiers très évolutifs sous l'angle des compétences spécifiques plutôt que de leur titre.

MESURES IMPORTANTES

4. Encourager la formation des partenaires sociaux aux enjeux de l'IA en matière de dialogue social, notamment en intégrant la formation à l'IA aux plans de développement des compétences.

5. Renforcer l'offre de formation à destination des professionnels pour les accompagner dans la transformation spécifique de leurs métiers par l'IA (usages, gestes métiers, etc.). Demander aux opérateurs de compétences un travail prospectif paritaire pour maintenir l'employabilité des travailleurs. Intégrer les compétences nouvelles dans les référentiels des certifications enregistrées au répertoire national des certifications professionnelles et au répertoire spécifique établis par France Compétences. Confier le suivi des nouveaux besoins professionnels à l'équipe interministérielle d'appui aux ministères certificateurs pour permettre une transposition rapide et homogène de celles-ci dans toutes les certifications de l'État.

> **Ministères pilotes :** ministère du Travail et ministère de la Fonction publique
> **Moyens sur cinq ans (M€) : 200 M€**
> Dont impact maastrichtien : 190 M€
> **Moyens annuels (M€) : 40 M€**
> Dont impact maastrichtien : 38 M€
> **Levier juridique :** sans objet

Recommandation n° 8. Former les professions créatives à l'IA, dès les premières années de l'enseignement supérieur et en continu.

Contexte et objectif. *La création et la créativité sont au cœur de la vitalité culturelle mais aussi de la croissance (30 % des professions artistiques et culturelles ont un emploi hors des secteurs culturels : design, communication, graphisme...). L'accélération de l'appropriation de l'IA dans les établissements d'enseignement supérieur de création (art, design, architecture...) est nécessaire et peut se faire en lien avec d'autres établissements (écoles d'informatique, écoles de commerce, etc.).*

MESURES PRIORITAIRES

1. Créer sur cinq ans 30 chaires de professeur junior d'IA & création au sein des écoles de création ou établissements d'enseignement supérieur.

2. Fixer un objectif sur cinq ans de 500 contrats d'apprentissage de créateurs IA (niveau licence et master) issus des écoles de création, spécialisés sur l'innovation et la création en IA. Pour cela, mener une campagne de sensibilisation auprès des écoles et des acteurs du monde professionnel pour développer la place de l'apprentissage dans la formation du champ de la création.

MESURES IMPORTANTES

3. Conclure sur cinq ans 100 contrats doctoraux dans le cadre de conventions industrielles de formation par la recherche (Cifre) pour développer la recherche créative en IA dans les entreprises des secteurs culturels et créatifs ou au-delà.

4. Créer un fonds d'innovation pédagogique à destination des écoles d'art et de création afin qu'elles développent des supports et outils de formations initiale et continue à l'IA.

> **Ministères pilotes :** ministère de l'Enseignement supérieur et de la Recherche, ministère de la Culture
> **Moyens sur cinq ans (M€) : 20 M€**
> Dont impact maastrichtien : 20 M€
> **Moyens annuels (M€) : 4 M€**
> Dont impact maastrichtien : 4 M€
> **Levier juridique** : sans objet

Équiper les agents publics : une opportunité pour transformer l'administration

Recommandation n° 9. Renforcer la capacité technique et l'infrastructure du numérique public afin de définir et de passer à l'échelle une réelle transformation des services publics grâce au numérique et à l'IA, pour les agents et au service des usagers.

Contexte et objectifs. *L'administration est trop souvent restée au stade de la dématérialisation, sans engager de vraie transformation grâce au numérique. Pour mener une vraie transformation des services publics par l'IA, il faut à la fois encourager et outiller les agents publics afin de transformer leur métier, mais aussi moderniser les infrastructures numériques publiques afin de disposer d'un socle d'applications et de données de qualité, sans lesquelles l'IA restera au niveau de la preuve de concept. Comme dans le secteur privé, le dialogue social dans l'administration doit être renforcé pour favoriser la confiance avec les agents.*

Pour mettre l'IA au service du rapprochement des usagers et des services publics, les citoyens et les agents doivent être et se sentir acteurs de ces décisions et processus.

MESURES PRIORITAIRES

1. Renforcer les infrastructures numériques publiques (hébergement, puissance de calcul, chaîne de développement, de test et d'intégration, etc.) en renforçant la capacité de pilotage technique dans l'administration. D'ici à juin 2024 transformer la direction interministérielle du numérique (Dinum) en une direction interministérielle des technologies, du numérique de l'IA (Ditnum) adjointe au secrétariat général du gouvernement, et ayant pour mission additionnelle (i) d'établir une stratégie pour offrir une infrastructure publique mutualisée et intégrée, (ii) de fixer avec l'Agence nationale de la sécurité des systèmes d'information (Anssi) et les autorités de surveillance des bonnes pratiques de développement et d'achat numérique conciliant vitesse de transformation, gestion des risques cyber et de fuites des données, (iii) de capitaliser l'expertise technique au sein de l'État. Établir une feuille de route de développement de l'infrastructure mutualisée, notamment en termes de puissance de calcul. Désigner un opérateur unique (par exemple le grand équipement national de calcul intensif (GENCI) s'il est adapté à un usage hors recherche, ou un opérateur similaire) pour la puissance de calcul d'apprentissage des systèmes d'IA sensibles, et l'ouvrir aux collectivités locales.

2. Accélérer le déploiement d'une identité numérique résiliente et fiable pour les services publics. Accélérer le déploiement du programme France Identité numérique en renforçant après les Jeux olympiques les moyens alloués à l'instruction des demandes de cartes d'identité électroniques. Insérer dans les objectifs du programme le nombre d'utilisations d'une API d'identité numérique pour se connecter à des services extérieurs au ministère de l'Intérieur.

3. Renforcer les compétences numériques et IA du service public en améliorant leur rétention et leur recrutement depuis l'écosystème. S'assurer de l'application de la circulaire sur la revalorisation des rémunérations numériques. Adopter une stratégie pluriannuelle des compétences numériques et IA pour atteindre l'objectif de recrutement de 2 500 spécialistes du numérique par an, dont 500 spécialistes de la donnée et de l'IA, comme recommandé dans le rapport de janvier 2023 sur les compétences numériques de l'État. Organiser une mission chargée d'accélérer le recrutement des profils prioritaires. Installer un référent déontologique à la Ditnum pour rassurer les talents venant de l'écosystème sur leurs possibilités de reconversion et évaluer l'obstacle posé par les règles de déontologie pour le recrutement de talents numériques.

4. Décupler les réseaux d'expertise dans le numérique et l'IA publique. À chaque recrutement d'un profil numérique au sein de l'État, l'intégrer dans une ou plusieurs communautés de pratique (10 %, beta.gouv, Alliance, etc.), afin de partager des retours d'expérience, organiser la formation entre pairs. Demander à la Ditnum de capitaliser sur ces communautés pour développer une expertise au service de toutes les directions du numérique : évaluation des fournisseurs, décisions de recours aux briques ouvertes ou aux solutions propriétaires, etc.

5. Lancer un grand mouvement d'expérimentation au sein du service public. Ouvrir dès l'été 2024 une offre de modèle de langage généraliste sur une infrastructure sécurisée afin de laisser tout agent public l'expérimenter dans le cadre de son travail. Assurer la collecte des données d'utilisation pour mieux comprendre les usages. Sécuriser la puissance de calcul nécessaire à l'ouverture généralisée.

6. Former tous les agents publics aux enjeux de l'IA, et en priorité les directeurs et directrices d'administration centrale. Sensibiliser les 5,7 millions d'agents publics *via* le module « Objectif IA » déjà

référencé. Renforcer l'offre IA du Campus du numérique public par des formations croisant IA et métiers du public (achats, juridique, social, etc.).

7. Définir dans chaque politique publique les objectifs de la transformation par le numérique et l'IA et les modalités de collaboration entre acteurs publics, secteur associatif et acteurs privés. Établir dans chaque grande politique publique une feuille de route numérique et données établissant clairement les objectifs du numérique, les briques à construire et la répartition entre acteurs publics et secteur privé. Demander à chaque grand acteur de désigner en son sein les personnes chargées de piloter et mettre à jour cette feuille de route au service des objectifs des politiques publiques, qu'il s'agisse d'un conseiller ministériel, ou auprès des directions d'administration. S'assurer que les référentiels socles sont bien pris en compte dans les feuilles de route (annuaires, protocoles d'échanges, standards, etc.).

8. Sécuriser le recours à l'IA, y compris aux systèmes sur étagère. Demander à la Ditnum, au Conseil d'État et à l'Anssi l'élaboration d'un guide de recours à l'IA dans le service public (méthodes d'évaluation, définition de la performance, gestion des risques, indemnisation et responsabilité en cas de défaut du système d'IA sans faute, évaluation des coûts, évaluation des prestataires ou des vendeurs, enjeux éthiques, etc.). D'ici à juin 2024, élaborer une charte d'utilisation et des clauses de contractualisation des systèmes d'IA utilisables sur étagère.

9. Donner aux agents publics les moyens de transformer leur propre métier. Créer un Fonds interministériel de l'IA (F2IA) doté de 300 millions d'euros en 2024, puis 500 millions d'euros par an, finançant tous les projets publics d'IA déployables en moins de six mois (remboursement de deux tiers de toutes les dépenses, externes et internes à l'administration, ressources humaines comprises), sans

obligation de rendement, et sous deux seules réserves : (i) qu'aucun autre projet similaire ne soit porté par une autre administration, (ii) que les modèles, scripts d'entraînement et (autant que possible) données d'entraînement soient publiés de façon ouverte.

10. Mobiliser les citoyens. Créer une « réserve citoyenne de l'IA et du numérique », composée de citoyens volontaires qualifiés pour contribuer à la conception et à la conduite de projets de transformation du service public par le numérique et l'IA. Définir un cadre juridique permettant d'intégrer en vingt-quatre heures des citoyens dans un projet, notamment en cas d'urgence. Élaborer un modèle de convention prévoyant le cadre technique mobilisable en une journée, des espaces de collaboration, un coach, la répartition des rôles avec l'État, la propriété des données. Reconnaître publiquement l'engagement dans cette réserve, *via* une distinction ministérielle.

MESURES IMPORTANTES

11. Fixer dans chaque service un objectif gradué de déploiement de l'IA (diffusion de la culture, expérimentation, projet métier). Célébrer lors du mois de l'innovation publique des usages de l'IA au sein du service public. Inclure la diffusion de l'IA dans les objectifs des cadres et la détermination de leurs primes. Y adosser une ambition d'achat public de services innovants d'IA produits par des start-up françaises et européennes, à hauteur par exemple de 100 millions d'euros en 2024, de 200 millions d'euros en 2025 et de 400 millions d'euros à compter de 2026 ; ces dépenses étant éligibles au financement par le Fonds interministériel de l'IA (F2IA).

12. Faire de l'ouverture effective des données du secteur public et de la circulation décloisonnée des données entre les administrations deux axes majeurs des politiques de simplification. Dans le secteur

public, désigner la Ditnum comme point d'accès unique des données du secteur public (tel que prévu dans le *Data Governance Act* – DGA) en lui donnant les compétences et les moyens pour contraindre toutes les entités publiques à la mise en œuvre effective de l'*open data*. Organiser une mission de conseil et d'accompagnement des organisations pour une ouverture démocratique, sécurisée et complète des données du secteur public. Dans le secteur privé, désigner l'Autorité de régulation des communications électroniques, des postes et de la distribution de la presse (Arcep) comme autorité de régulation des intermédiaires de données en lui confiant le rôle d'animer un réseau et d'être le guichet central unique de l'écosystème des intermédiaires de données français (privé et public). Éviter de surtransposer le règlement DGA en conservant un caractère facultatif au recours au statut de prestataire de services d'intermédiation de données. Demander à l'Association des intermédiaires de données de rédiger un premier référentiel de certification des intermédiaires de données.

Ministère pilote : ministère de la Transformation et de la Fonction publique

Moyens sur cinq ans (M€) : 5 500 M€

Dont impact maastrichtien : 5 500 M€

Moyens annuels (M€) : 1 100 M€

Dont impact maastrichtien : 1 100 M€

Levier juridique : sans objet

Mieux soigner grâce à l'IA : plus de temps au soin

Recommandation n° 10. Faciliter la circulation des données et le partage de pratiques pour tirer les bénéfices de l'IA dans les soins, améliorer l'offre et le quotidien des soignants.

Contexte et objectif. *L'impact positif de l'IA sur le système de santé ainsi que sur les produits et services de santé est évident, mais nécessite des débats collectifs sur la place que peuvent prendre les IA dans l'interaction avec les patients (conseil médical, prévention, accompagnement). Si les infrastructures de données de santé montrent une évolution positive en France, le financement des infrastructures permettant leur valorisation doit devenir permanent et les leviers réglementaires doivent être allégés pour faciliter leur accès.*

MESURES PRIORITAIRES

1. Mettre en œuvre les recommandations du rapport sur l'usage secondaire des données de santé. En particulier, établir des financements pérennes et suffisants des infrastructures de données de santé et du Health Data Hub pour favoriser la logique de partage des données. Demander au comité stratégique des données de santé de publier d'ici à septembre 2024 un guide de bonnes pratiques à destination des professionnels en matière de production et d'utilisation des bases de données de santé.

2. D'ici à juin 2024, organiser le stockage de la copie principale pseudonymisée du système national des données de santé (SNDS) sur un *cloud* commercial sécurisé, dans l'attente de son transfert sur un *cloud* certifié SecNumCloud, sauf si l'audit prévu au premier semestre 2024 identifie une solution de stockage souveraine immédiatement disponible. Cette décision est indispensable pour accélérer notablement la mise à disposition des données et éviter l'éparpillement en cours de l'accès aux données de santé.

3. Soutenir les initiatives de collecte, annotation et publication de données de qualité dans la santé (bases de données médicales, mais aussi dialogues médecin/patient) permettant de développer des IA

adaptées aux réalités du système de soins. Conditionner ce financement à la mise en commun des données annotées.

4. Établir, le 1er janvier 2025, un cadre réglementaire harmonisé permettant la prise en compte des impacts induits par l'intégration de l'IA dans les produits et les services de santé : (i) reconnaître la performance de l'IA tout au long du cycle de vie d'un produit de santé (découverte de médicaments, développement, suivi long terme et stratégie thérapeutique) ; (ii) bâtir une doctrine d'évaluation de la performance de l'IA (initiale et en conditions réelles d'utilisation) ; (iii) inscrire le principe de l'usage de l'IA dans nos parcours de soins (structuration des parcours, adaptation des nomenclatures d'actes aux innovations) et dans l'évaluation continue de l'efficience de ces parcours et des produits de santé.

MESURES IMPORTANTES

5. Créer d'ici à mi-2025 une quinzaine de centres de référence « santé et IA », et déployer avec eux des communautés de pratiques territoriales de l'IA en santé pour développer les usages de l'IA par les professionnels de santé (usagers, éthique, payeurs et régulateurs) s'appuyant sur les entrepôts de données de santé.

6. Investir dans les outils et les expérimentations permettant de préparer un virage en matière de politique de prévention s'appuyant sur l'IA.

Ministère pilote : ministère de la Santé
Moyens sur cinq ans (M€) : 3 000 M€
Dont impact maastrichtien : 3 000 M€
Moyens annuels (M€) : 600 M€
Dont impact maastrichtien : 600 M€
Levier juridique : sans objet

Mieux éduquer grâce à l'IA : l'accompagnement individualisé des élèves

Recommandation n° 11. Encourager l'utilisation individuelle, l'expérimentation à grande échelle et l'évaluation des outils d'IA pour renforcer le service public de l'éducation et améliorer le quotidien des équipes pédagogiques.

Contexte et objectif. *L'émergence de l'IA constitue un défi de plus pour le système éducatif. Elle pourra faire progresser son fonctionnement administratif au même titre que l'ensemble des administrations (voir la recommandation n° 7). Le déploiement de l'IA invitera toute l'Éducation nationale à inventer de nouvelles pratiques éducatives et pédagogiques : les enseignants ainsi que les cadres doivent pour cela être informés, formés et recrutés selon de nouveaux paradigmes.*

MESURES PRIORITAIRES

1. **Sécuriser dès aujourd'hui l'utilisation individuelle de l'IA dans la préparation des cours, l'appui administratif et la formation ponctuelle aux enseignants.** Demander au conseil scientifique de l'Éducation nationale d'élaborer un guide d'utilisation des solutions d'IA sur étagère dans l'éducation favorisant le plus possible l'expérimentation. Identifier les solutions fiables pouvant aider les professeurs à se former sur des sujets particuliers.

2. **Établir un guide à destination des élèves, des parents et des enseignants sur l'utilisation de certains outils numériques dans**

l'apprentissage, qu'il s'agisse d'IA générative à usage général ou d'autres outils commerciaux accessibles au grand public.

3. Décupler la formation des équipes pédagogiques (enseignants, personnel de direction et inspecteurs) à l'usage d'outils d'IA dans l'éducation. Demander au réseau Canopé en lien avec les autres acteurs de répertorier les outils d'IA, les cas d'usage, les retours d'expérience, de piloter et d'animer une formation hybride à l'usage des outils d'IA, en partenariat avec les écoles académiques de formation continue. Aider les équipes pédagogiques à distinguer entre les outils déjà utilisables (par exemple pour la personnalisation ou la création d'exercices variés) et ceux où la performance de l'IA doit encore progresser.

4. Mettre à jour la « stratégie du numérique pour l'éducation » selon la logique de plateforme publique pour passer à l'échelle et coordonner les efforts.

5. Faire de quelques académies des pilotes dans l'utilisation du plein potentiel du numérique et de l'IA dans l'éducation. Lancer de nouveaux partenariats d'innovation pour l'IA éducative visant à développer et évaluer des outils d'IA adaptés à l'éducation. Y allouer les moyens nécessaires (infrastructures, réseaux, terminaux, applications, hébergement). Lancer des initiatives de collecte, d'annotation et de publication de données multimodales de qualité dans l'éducation (dialogues enseignants/élèves notamment) permettant de développer des IA adaptées aux réalités du contexte éducatif.

6. Évaluer les infrastructures et le matériel nécessaires pour que 100 % des écoles, des établissements d'enseignement secondaire et supérieur puissent recourir à différents niveaux d'utilisation du numérique et de l'IA (au service des enseignants hors de la classe, au service des élèves hors de la classe, dans la classe). Évaluer

l'investissement à réaliser au regard de l'amélioration de l'efficacité du service public de l'éducation.

7. **Faire évoluer les épreuves de concours de recrutement des enseignants** en y intégrant l'usage des services numériques et de l'IA dès la session 2025.

MESURES IMPORTANTES

8. **Évaluer la performance et les biais des outils d'IA dans l'accompagnement à l'orientation des élèves et des étudiants.** Établir une charte d'utilisation de ces outils, afin d'assurer entre autres une responsabilité claire des personnes humaines.

> **Ministère pilote :** ministère de l'Éducation nationale
> **Moyens sur cinq ans (M€) : 1 000 M€**
> Dont impact maastrichtien : 1 000 M€
> **Moyens annuels (M€) : 200 M€**
> Dont impact maastrichtien : 1 000 M€
> **Levier juridique** : sans objet

Souveraineté : investir pour notre autonomie stratégique

Financer durablement l'innovation : l'indispensable changement d'échelle

> **Recommandation n° 12.** Investir massivement dans les entreprises du numérique et la transformation des entreprises pour soutenir l'écosystème français de l'IA et en faire l'un des premiers mondiaux.

Contexte et objectif. *La compétition technologique internationale est une dynamique où les premières réussites permettent d'occuper des positions névralgiques sur la chaîne de valeur. L'Europe et la France ne sauraient raisonnablement espérer défendre leur compétitivité et leur souveraineté sans y consacrer des investissements majeurs à la hauteur de ceux des États-Unis ou de la Chine. Pour la France, cela représente un défi considérable – entre 5 et 8 milliards d'euros d'investissement annuel supplémentaire pour atteindre un niveau comparable à ces deux pays et entre 10 et 20 milliards d'euros pour les rattraper. Cet ordre de grandeur n'est atteignable que dans le cadre d'une réflexion collective sur nos choix collectifs et les modalités d'allocation de l'épargne de long terme (par exemple l'assurance-vie) qui permettent de transformer en profondeur le financement de l'innovation dans notre pays. Ces investissements ne sauraient être compensés par un investissement accru de l'État ou de structures publiques, insuffisants à ce modèle de financement.*

MESURES PRIORITAIRES

1. À moyen terme, activer sans hésiter tous les leviers pour augmenter structurellement le fléchage de l'épargne privée vers le financement de long terme, en jouant sur le cadre normatif ou les incitations fiscales (par exemple en matière d'assurance-vie, de soutien à l'immobilier).

2. À moyen terme, faire émerger au plus vite un marché européen unifié des capitaux afin d'augmenter la liquidité et la profondeur de l'écosystème européen de financement. Ce pourrait être un chantier prioritaire à partir de juin 2024, pour la prochaine législature de l'Union européenne.

3. À court terme, créer un fonds « France & IA » de 10 milliards d'euros, pour financer l'émergence de l'écosystème d'IA et la transformation numérique du tissu économique français avant une

réorientation de l'épargne privée. Les grandes entreprises françaises créeraient une société commune dotée de 10 milliards d'euros de capital : 7 milliards d'euros de capitaux privés (soit environ 25 millions d'euros par grande entreprise) et 3 milliards d'euros de capitaux publics. Si nécessaire, le fonds pourrait être levé en deux temps. La société privée serait dotée d'une équipe restreinte, principalement chargée de surveiller l'allocation des moyens financiers selon trois grandes enveloppes (deux pour l'offre de solutions d'IA, une pour la demande de solutions d'IA) :
(i) une enveloppe fonds de fonds (2 milliards d'euros), confiée à un fonds d'investissement, qui investirait dans un ensemble de fonds français et européens d'amorçage, de démarrage et de croissance ;
(ii) une enveloppe de co-investissements (3 milliards d'euros), confiée à un gestionnaire d'actifs qui investirait dans certaines start-up identifiées par les fonds de fonds ou lors de la définition du financement des projets de transformation numérique décrits au (iii) ;
(iii) une enveloppe de financement de projets de transformation numérique des entreprises (5 milliards d'euros), confiée à un gestionnaire privé (par exemple une société spécialisée dans la transformation numérique), qui financerait les projets d'IA par des obligations convertibles (en cas de succès, le remboursement interviendrait avec un taux majoré ; en cas d'échec, l'obligation serait soit remboursée à un taux de marché, soit convertie en actions). Un appui à la qualification des projets de transformation et à la maîtrise d'ouvrage serait confié à un tiers spécialisé. Les projets de transformation numérique pourraient concerner une seule entreprise ou un consortium d'entreprises, qui mettraient en commun des données pour faire émerger des solutions d'IA adaptées aux besoins.

4. Assouplir les règles d'amortissement des fonds investis dans les PME innovantes, en permettant notamment de réduire la durée de cinq à deux ans afin de renforcer le capital-investissement d'entreprises (*corporate venture*).

5. **Organiser un sommet Choose France** pour les capitaux-risqueurs et les fonds souverains.

Ministères pilotes : services du Premier ministre, ministère de l'Économie et des Finances

Moyens sur cinq ans (M€) : 3 600 M€

Dont impact maastrichtien : 600 M€

NB : pour le fonds « France & IA », les ressources publiques pourraient être mobilisées par la rotation du portefeuille de participations publiques, détenues directement par l'État (Agence des participations de l'État) ou indirectement (Bpifrance).

Moyens annuels (M€) : 720 M€

Dont impact maastrichtien : 120 M€

Levier juridique : dispositions législatives

Disposer de capacités de calcul en Europe : une condition sine qua non *de l'autonomie stratégique*

Recommandation n° 13. Accélérer l'émergence d'une filière européenne de composants semi-conducteurs adaptés aux systèmes d'IA.

Contexte et objectif. *L'Europe investit pour installer des usines de fabrication de semi-conducteurs sur son territoire. En complément de ces investissements, l'Europe doit également se positionner sur la conception des semi-conducteurs. Pour cela, elle dispose de plusieurs acteurs ayant des compétences de premier plan. Ces acteurs et leurs collaborations méritent d'être soutenus afin de se positionner sur le marché mondial.*

MESURES PRIORITAIRES

1. Lancer un projet important d'intérêt européen commun (Piiec) pour faire émerger des filières européennes de semi-conducteurs adaptés à l'inférence dans le *cloud* et aux systèmes d'IA embarqués, avec une contribution française de 7 milliards d'euros en cinq ans dans le cadre du *Chips Act*.

2. Poursuivre le soutien public de la recherche dans le domaine des semi-conducteurs optimisés pour l'IA, qu'elle soit embarquée ou dans le *cloud*, par le biais d'appels à projets à hauteur de 7 millions d'euros en cinq ans.

Ministères pilotes : services du Premier ministre, ministère de l'Économie et des Finances et ministère de l'Enseignement supérieur et de la Recherche

Moyens sur cinq ans (M€) : 7 700 M€

Dont impact maastrichtien : 7 700 M€

Moyens annuels (M€) : 1 540 M€

Dont impact maastrichtien : 1 540 M€

Levier juridique : sans objet

Recommandation n° 14. Faire de la France et de l'Europe un pôle majeur de la puissance de calcul, à court comme à moyen terme.

Contexte et objectif. *La dépendance de l'Europe vis-à-vis des États-Unis, déjà forte dans les* data centers, *est encore plus criante pour la puissance de calcul. Il n'est pas nécessaire que tous les modèles utilisés en Europe soient entraînés sur son sol. Cependant, un sursaut est indispensable, à la fois pour entraîner des modèles à usages sensibles, et réaliser une partie de l'inférence. À moyen terme, il faut coupler l'investissement*

public dans les supercalculateurs publics, développer les compétences, et accompagner l'investissement privé pour que la France et l'Europe deviennent attractives. À court terme, étant donné les différences tarifaires de l'électricité entre les deux continents, et la pénurie mondiale de processeurs graphiques (GPU), une politique visant la demande de puissance de calcul et l'achat groupé de puissance de calcul est à déployer.

MESURES PRIORITAIRES

1. À très court terme, sécuriser l'approvisionnement de l'écosystème français en puissance de calcul privée. Dès 2024, faire une réservation collective d'une puissance de calcul équivalente à 20 000 H100 auprès de fournisseurs de puissance de calcul, y compris hors du territoire national. Louer cette puissance de calcul à prix coûtant aux acteurs de l'écosystème français, en particulier aux start-up. Si possible dans des délais courts, réaliser cette opération au niveau européen, en particulier avec l'Allemagne.

2. À court terme, assurer la compétitivité des capacités de calcul nationales pour l'entraînement. Créer un crédit d'impôt IA ciblé sur la location de la puissance de calcul pour l'entraînement de modèles, conditionné au recours à un centre de calcul établi sur le territoire national (au fur et à mesure de l'installation de la puissance de calcul sur le territoire). Aligner ce taux sur celui du crédit impôt recherche.

3. Faciliter l'implantation de centres de calcul privés en France. Simplifier les procédures d'installation, à l'image des procédures applicables aux projets d'intérêt national majeur définis par la loi industrialisation verte. Rendre le secteur des centres de calcul et de données éligibles au statut d'électro-intensif et aux avantages associés. Réfléchir à la création d'un code APE spécifique aux centres de données. Accorder aux communes une incitation financière pour

l'installation des centres de données de grande envergure, avec une taille minimale pour éviter la fragmentation.

4. Se fixer une trajectoire minimale pour l'implantation de centres de calcul privés sur le territoire national avec une garantie d'utilisation de la puissance de calcul et un accompagnement à l'implantation et au raccordement électrique. 30 000 accélérateurs équivalents H100 en 2024 et 30 000 en 2025. Cet appel d'offres doit prévoir plusieurs lots, d'acteurs extraeuropéens mais aussi souverains, afin d'accélérer la diversification des solutions d'hébergement dans un marché en expansion et prévenir la concentration du marché. Promouvoir cette approche pour l'implantation de centres de calcul à l'échelle de l'Union européenne afin de disposer en Europe d'une puissance de calcul privée équivalente à la puissance de calcul publique.

5. Accélérer avec EuroHPC le développement de la puissance de calcul publique européenne et nationale. Au vu des délais d'installation, lancer dès 2024 des études pour l'installation des centres *post-exascales* en Europe, et d'un deuxième centre *exascale* en France. Afin de pouvoir opérer cette capacité, réévaluer la grille exceptionnelle « métiers en tension » pour les ingénieurs de recherche en charge de l'accompagnement des acteurs dans l'utilisation de la puissance de calcul publique et recruter des ingénieurs spécialisés en IA pour accompagner les équipes de recherche dans l'utilisation de la puissance de calcul publique.

6. Lancer un appel d'offres national de location de puissance de calcul permettant aux étudiants en masters spécialisés en IA d'y accéder et de se former à son usage. Centrer l'appel d'offres sur les formations de haut niveau en IA identifiées par le ministère et inclure un accompagnement à l'utilisation de cette puissance de calcul pour les établissements d'enseignement supérieur bénéficiaires.

7. Examiner trois fois par an l'opportunité d'augmenter les capacités publiques de calcul au regard des principaux critères suivants :

la demande pour la recherche publique, les services publics et les start-up, la concurrence internationale, l'évolution de la technologie, la croissance de l'offre privée de calcul et les délais de livraison de matériel.

8. Créer un inventaire national de la puissance de calcul pour référencer les acteurs publics et privés dotés de puissance de calcul dépassant un certain seuil, ainsi que leur localisation géographique ; organiser l'extension de cet inventaire à l'échelle de l'Union européenne.

> Ministères pilotes : services du Premier ministre et ministère de l'Économie et des Finances
> **Moyens sur cinq ans (M€) : 1 000 M€**
> Dont impact maastrichtien : 1 000 M€
> **Moyens annuels (M€) : 200 M€**
> Dont impact maastrichtien : 200 M€
> **Levier juridique** : dispositions législatives

Accéder à des données de qualité

Recommandation n° 15. Transformer notre approche de la donnée personnelle pour protéger tout en facilitant l'innovation au service de nos besoins.

Contexte et objectif. *Les difficultés d'utilisation des données vont au-delà de la nécessaire protection de la vie privée et des données à caractère personnel. Elles découlent en particulier du caractère inachevé de la transition entre les régimes de contrôle* a priori *mis en place dans les années 1970 et l'approche fondée sur les risques qui sous-tend le RGPD ; du décalage croissant entre la logique de protection de l'individu qui*

imprègne le droit de la protection des données personnelles et la valeur collective de ses données, qui se développe avec l'IA ; et de l'application encore insuffisante des règles relatives à l'ouverture des données publiques. Il est nécessaire d'agir sur ces trois volets.

MESURES PRIORITAIRES

1. Revenir à l'esprit de la loi Protection sur les données personnelles pour conjuguer protection et valorisation des données. Substituer aux procédures d'autorisation préalable d'accès aux données issues du droit national des procédures de déclaration de conformité. Réduire à six semaines le délai au-delà duquel l'avis de la Cnil sur un traitement présentant des risques particuliers est réputé favorable. Confier à une instance rassemblant les régulateurs publics de la donnée, en lien avec les instances nationales de gouvernance de l'IA, la mission de créer un document unique de conformité d'une page réunissant l'ensemble des obligations créées par les règlements européens concernés.

2. Dans la recherche en santé, passer d'un contrôle *ex ante* à un contrôle *ex post*. Généraliser la publication de méthodologies de référence avec déclarations de conformité (articles 66 et 76 de la loi du 6 janvier 1978). Supprimer l'avis préalable du Comité éthique et scientifique pour les recherches, les études et les évaluations dans le domaine de la santé (Cesrees) pour la réalisation d'études et recherches portant sur les données de santé n'impliquant pas la personne humaine si le comité éthique de la structure dont relève l'équipe de recherche a émis un avis favorable. Confier l'élaboration des référentiels d'accès aux données de santé au GIP Health Data Hub après avis de la Cnil (à l'inverse d'aujourd'hui).

3. Dans les domaines défense/police/justice, adapter le cadre réglementaire pour permettre l'amélioration continue et l'expérimentation. Remplacer l'autorisation préalable de chaque traitement par

décret en Conseil d'État par une stratégie pluriannuelle de mise en œuvre des traitements de données, élaborée avec un comité éthique et contrôlée par la Cnil.

4. Faire émerger une nouvelle culture de valorisation de la donnée personnelle qui ne porte pas atteinte à la vie privée. Réformer le mandat confié à la Cnil pour y intégrer un objectif d'innovation. Réformer en conséquence la composition du collège de la Cnil pour en élargir la palette de compétences à l'innovation et à la recherche. Augmenter le budget de fonctionnement annuel de la Cnil pour lui permettre, à l'instar de ses homologues étrangers, de renforcer son offre de service aux acteurs de la donnée. Sur le modèle des réseaux d'alerte et de recherche créés par le DSA, formaliser un rôle d'appui à la Cnil de réseaux structurés de laboratoires de recherche et de représentants de la société civile compétents dans le domaine du numérique.

5. Stimuler le partage collectif des données personnelles pour l'intérêt général en explorant des modèles de gouvernance collective. Créer à titre expérimental, pour une durée de trois ans renouvelables, un laboratoire collaboratif pour la donnée d'intérêt général avec pour mission de tester des modèles collaboratifs, altruistes et efficaces de partage des données pour l'entraînement d'IA dans des domaines d'intérêt général (par exemple dans le travail, la santé, ou la protection de l'environnement). Le laboratoire testerait à la fois des modalités techniques (pour assurer que des données venues de plusieurs sources puissent être exploitées ensemble), juridiques et organisationnelles (pour assurer une gouvernance démocratique de ces initiatives). Dans le cadre européen, ce laboratoire pourrait s'appuyer sur les dispositions du *Data Governance Act* permettant la création d'intermédiaires de données ou l'« altruisme des données » et proposer des évolutions juridiques si nécessaire. Cette initiative devrait être internationale et disposer d'une dotation initiale de 100 millions d'euros.

Ministères pilotes : services du Premier ministre et ministère de la Justice

Moyens sur cinq ans (M€) : 16 M€

Dont impact maastrichtien : 16 M€

Moyens annuels (M€) : 3,2 M€

Dont impact maastrichtien : 3,2 M€

Levier juridique : dispositions législatives

Recommandation n° 16. Mettre en place une infrastructure technique favorisant la mise en relation entre les développeurs d'IA et les détenteurs de données culturelles patrimoniales.

Contexte et objectif. *Contrairement aux apparences, et hormis les Archives nationales et quelques bases de données, les « données culturelles publiques » ne sont pas « libres de droits, accessibles et gratuites ». La plupart appartiennent à des entreprises (France télévisions, Radio France…) et leurs programmes à des titulaires de droit. D'autres, bien plus volumineuses (dépôt légal auprès de la Bibliothèque nationale de France et de l'Institut national de l'audiovisuel), sont en dépôt. En vertu du droit international et communautaire, leur accès est soumis à l'expiration des droits pour devenir domaine public. Pour autant, à des fins de recherche voire de commercialisation publique, il est possible de favoriser l'accès à certaines données culturelles pour le déploiement de l'IA. La réussite de cette initiative est indispensable pour favoriser le rayonnement de la culture française au sein des IA et éviter une course au moins-disant où les IA seraient entraînées sur des bases de données piratées ou des bases de données synthétiques générées à partir de bases de données culturelles.*

MESURES PRIORITAIRES

1. **Mettre en place sous un an une première infrastructure offrant un accès sécurisé juridiquement aux données publiques numérisées libres de droits**, en visant les données les plus intéressantes, comme les contenus vidéo, et en accueillant d'autres sources ou types de contenus (texte, images…) – notamment les fonds de l'Institut national audiovisuel (programmes radio ou télédiffusés), de la Bibliothèque nationale de France, qui constituent une masse critique de contenus. Confier le pilotage de ce projet à un acteur capable à la fois de construire et d'opérer rapidement une infrastructure performante pérenne, et de dialoguer en confiance avec les ayants droit.

2. **Adosser l'infrastructure aux projets de recherche déjà en cours au niveau national** (notamment à la Bibliothèque nationale de France et à l'Institut national de l'audiovisuel) **et au niveau européen** (Alliance for Language Technologies – European Digital Infrastructure Consortiums (Alt-Edic), programmes d'autres bibliothèques nationales).

3. **Organiser des discussions entre concepteurs de systèmes d'IA, d'autres acteurs publics (collectivités territoriales) et des acteurs privés détenteurs de données culturelles non libres de droits, afin de verser leurs œuvres dans cette infrastructure, contre rémunération.** La valeur de chaque œuvre pour un modèle d'IA étant très variable (très forte pour un modèle visant à reproduire un certain style, plus faible pour un modèle général de langage), incertaine (selon le succès du modèle d'IA et de ses utilisations commerciales) et les modèles de revenus n'étant pas encore clairs, plusieurs modèles de contractualisation peuvent être envisagés (accords de licence, accords de partage de revenus futurs, aménagement contractuel pour les petits acteurs, etc.).

MESURES IMPORTANTES

4. Élargir cette infrastructure à l'intermédiation et l'enrichir de services spécialisés dédiés aux acteurs de l'IA. D'une part, pour permettre la mutualisation, l'acquisition de données ainsi qu'une offre de qualification des données au sein d'un registre de données culturelles publiques : structuration, mise en qualité, référencement, documentation de jeux de données, protocoles, interfaces de programmation d'application (API). D'autre part, pour expertiser les modes de rémunération possibles pour la réutilisation commerciale de données publiques culturelles, opérer la gestion de transaction, réaliser le packaging et la fourniture de données, ou encore des usages à définir pour lutter contre la désinformation.

Ministère pilote : ministère de la Culture
Moyens sur cinq ans (M€) : 35 M€
Dont impact maastrichtien : 35 M€
Moyens annuels (M€) : 7 M€
Dont impact maastrichtien 7 M€
Levier juridique : sans objet

Recommandation n° 17. Mettre en œuvre et évaluer les obligations de transparence prévues par le règlement européen sur l'IA en encourageant le développement de standards et d'une infrastructure adaptée.

Contexte et objectif. *Le règlement européen sur l'IA prévoit une obligation de transparence des données d'entraînement pour les modèles à usage général (GPAI), qui doit pouvoir être mise en œuvre de la*

façon la plus simple possible, pour les développeurs d'IA comme pour les ayants droit. Il prévoit également une obligation d'information et de transparence sur les produits des modèles d'IA générative (principe de la transparence aval). Les modèles spécialisés de plus petite dimension n'entrent pas dans le champ d'application des obligations de transparence du règlement européen sur l'IA.

MESURES PRIORITAIRES

1. Soutenir la mise en œuvre de la transparence prévue par le règlement européen sur l'IA (*AI Act*) et évaluer régulièrement la pertinence de son champ d'application, à la lumière des évolutions technologiques et des modalités d'entraînement des modèles. Examiner en particulier si certaines obligations applicables aux modèles généraux (GPAI) devraient être étendues aux modèles spécialisés.

2. Soutenir l'élaboration de standards pour la publication des informations sur les modèles d'IA et la mise en œuvre du droit d'opposition permis par la directive 2019/790. Viser des standards permettant une mise en œuvre simple de la transparence, par exemple en s'appuyant sur les plateformes de publication des modèles déjà existantes. Soutenir l'émergence de standards pour la mise en œuvre du droit d'opposition, notamment pour interdire la fouille de sites de contenus.

3. Soutenir des initiatives de labellisation et distinction des contenus produits par les IA des contenus créés par des humains. Soutenir des initiatives de labellisation cryptographique permanente des contenus produits par l'IA, en particulier pour détecter les *deepfakes*, informer le public de l'origine humaine ou artificielle du contenu et respecter vis-à-vis des clients et des consommateurs le principe de loyauté dans les transactions commerciales.

Ministère pilote : ministère de la Culture

Moyens sur cinq ans (M€) : 0 M€ (redéploiement de crédits)

Dont impact maastrichtien : 0 M€

Moyens annuels (M€) : 0 M€ (redéploiement de crédits)

Dont impact maastrichtien : 0 M€

Levier juridique : sans objet

Attirer les talents dans la recherche et l'écosystème IA pour qu'ils construisent les technologies et les usages de demain

Recommandation n° 18. Attirer et retenir des talents de stature internationale avec des compétences scientifiques, entrepreneuriales et managériales dans le domaine de l'IA.

Contexte et objectif. *Si l'écosystème français du numérique est devenu plus attractif depuis quelques années, et se distingue par son dynamisme dans l'IA, il n'a pas encore la réputation et le pouvoir d'attraction de celui de la Silicon Valley. Les compétences dans le développement des IA les plus avancées étant extrêmement rares, un effort ciblé sur des talents pourra renforcer la crédibilité de l'écosystème français.*

MESURES PRIORITAIRES

1. Mener une mission « attractivité des talents en IA » sur le modèle de la mission dirigée par Christian Noyer pour l'attractivité de la place financière de Paris et ayant pour but d'assurer à travers le monde : (i) un démarchage personnalisé des entreprises étrangères en IA en vue de leur implantation en France ; (ii) un démarchage

ciblé des étudiants des meilleures formations de niveau licence et master en vue d'une poursuite d'études en France, en complément des stratégies des établissements portant un pôle de recherche et de formation de rang mondial en IA (*cf.* appel à projets « IA Cluster ») ; (iii) un démarchage des étudiants en thèse et jeunes chercheurs à l'étranger, y compris français (les solliciter pour venir présenter leurs travaux en France, leur attribuer des prix spécifiques).

2. Renforcer les dispositifs d'aide à l'implantation des talents en France, tels que ceux mis en place par Choose Paris Region, pour faciliter l'installation des talents (étudiants comme professionnels), recrutés en IA par les entreprises ou les établissements d'enseignement supérieur et de recherche : aides pour les démarches administratives (places d'école pour les enfants, visas, permis de travail, cours de langue), communication sur le régime fiscal des impatriés et centralisation de la gestion des cas dans un centre unique des impôts pour permettre une spécialisation des agents. Les étudiants bénéficieront en plus de bourses et d'un appui administratif pour faciliter l'accès au marché du travail. Construire des parcours d'accueil pour les intéressés dans une approche collective de l'ensemble des services concernés. La pérennisation de ces dispositifs nécessite un portage politique continu au niveau étatique.

MESURES IMPORTANTES

3. Animer un réseau des meilleurs talents français de l'IA, que ce soit dans la recherche, l'entrepreneuriat, le management technologique, ou la régulation, à l'image du C100 canadien. Mobiliser ce réseau dans la gouvernance nationale de l'IA, les actions de sensibilisation, de mentorat ou d'attractivité.

> **Ministères pilotes :** ministère de l'Économie et des Finances et ministère des Affaires étrangères
> **Moyens sur cinq ans (M€) : 10 M€**

Dont impact maastrichtien : 10 M€

Moyens annuels (M€) : 2 M€

Dont impact maastrichtien : 2 M€

Levier juridique : sans objet

Recommandation n° 19. Assumer le principe d'une « exception IA » sous la forme d'une expérimentation dans la recherche publique pour en renforcer l'attractivité.

Contexte et objectif. *Des mesures de simplification administrative ont été déployées ces dernières années pour accroître le temps passé à la recherche et alléger les contraintes pesant sur les chercheurs. Les recommandations formulées ici visent à assurer l'effectivité de ce cadre simplifié selon une démarche d'expérimentation. En cas de succès, celle-ci pourra être généralisée à d'autres domaines.*

MESURES PRIORITAIRES

1. Autoriser, au titre des métiers en tension, l'augmentation de la rémunération des chercheurs et des enseignants-chercheurs en rendant fluide le recours aux compléments de rémunération, adossés aux ressources contractuelles *via* notamment le cumul d'activités simplifié ou la modification du plafond du régime indemnitaire pour les personnels enseignants et chercheurs afin d'atteindre les ordres de grandeur autorisés par la circulaire sur la revalorisation des rémunérations des métiers de la filière du numérique. L'ensemble des procédures administratives afférentes doivent recevoir une réponse dans les trente jours suivant la demande, l'absence de réponse valant acceptation.

2. Autoriser, au titre des métiers en tension, l'application de la circulaire sur la revalorisation des rémunérations des métiers du numérique pour les chercheurs juniors et seniors contractuels en fonction de la réputation, du potentiel et des réalisations.

3. Rendre effectives les différentes mesures législatives visant à faciliter les relations entre la recherche publique et les entreprises, notamment celle autorisant les chercheurs à avoir des positions à temps partiel avec des entreprises ou autres acteurs socio-économiques de l'IA. S'aligner sur les conditions déjà en œuvre en Grande-Bretagne, en Allemagne ou en Suisse.

4. Remettre le chercheur au centre du dispositif et viser le « zéro bureaucratie pour les chercheurs » par un engagement sur les délais de réponse aux sollicitations des chercheurs, de la part de leur institution de recherche et de l'ensemble des administrations mobilisées, par des procédures accélérées, ainsi que par la possibilité de recourir de manière agile à des compétences spécifiques extérieures (finances, juridiques, montage de projets…) quand les services sont surchargés.

5. Donner de la visibilité sur les procédures de protection du potentiel scientifique et technique (PPST) de la nation. Communiquer auprès des établissements d'enseignement supérieur et de recherche pour rappeler les possibilités de parallélisation des étapes avant la décision finale. À chaque étape, imposer des délais de réponse maximum réduits.

6. Mettre en place des conditions d'un accueil « aux standards internationaux » pour les chercheurs venant de l'étranger, avec un accompagnement personnalisé : prime de déménagement, prise en charge du voyage, recherche d'emploi pour le conjoint, place dans les écoles, etc.

7. Faciliter la création de diplômes nationaux et d'État en IA au rythme des avancées de la recherche en permettant leur création

hors phase de contractualisation et sans passage devant le Conseil national de l'enseignement supérieur et de la recherche. La formation fera l'objet de la procédure d'accréditation à la contractualisation suivante.

8. Faire de la simplicité administrative ressentie un objectif clé des centres de recherche en IA en créant un « indicateur de simplicité administrative ressentie » par les chercheurs en IA, renseigné par une enquête. Inclure cet indicateur dans le conventionnement des lauréats de l'appel à projets « IA Cluster » et conditionner les versements financiers à l'atteinte d'un seuil minimal ou d'une progression. Publier cet indicateur, et l'intégrer dans le pilotage contractuel entre l'État et les organismes de recherche et les établissements d'enseignement supérieur.

9. Nommer un délégué interministériel pour l'exception IA dans la recherche publique chargé d'assurer la mise en œuvre du « zéro bureaucratie pour les chercheurs ». Le délégué interministériel, positionné au sein des services du Premier ministre ou de la ministre de l'Enseignement supérieur et de la Recherche, est saisi de toute difficulté de mise en œuvre de l'exception IA par un chercheur ou un étudiant. L'arbitrage interministériel est rendu sous un délai de dix jours, pour une mise en œuvre dans un délai maximal de vingt jours. Ce délégué dispose dans les organismes de recherche et les établissements d'enseignement supérieur d'un correspondant chargé d'assurer la simplification des procédures organisationnelles. Il pilote l'enquête permettant d'établir l'indicateur de simplicité administrative.

10. Doubler les moyens de la recherche publique spécialisée en IA (par rapport aux moyens annuels de la stratégie nationale sur l'IA pour la période 2018-2022) et réévaluer fin 2025 le niveau des financements pour être dans les cinq premiers pays experts en IA à l'échelle mondiale. Renforcer à cette occasion l'interdisciplinarité de la recherche.

Ministères pilotes : services du Premier ministre et ministère de l'Enseignement supérieur et de la Recherche

Moyens sur cinq ans (M€) : 1 025 M€

Dont impact maastrichtien : 1 025 M€

Moyens annuels (M€) : 205 M€

Dont impact maastrichtien : 205 M€

Levier juridique : dispositions réglementaires

Déployer massivement l'intelligence artificielle dans notre économie

Recommandation n° 20. Inciter, faciliter et amplifier le recours aux outils d'IA dans l'économie française en favorisant l'usage de solutions européennes.

Contexte et objectif. *Les potentiels de productivité et de gains de compétitivité de l'IA sont importants. Les entreprises mèneront les investissements et les projets de leur propre initiative. L'intervention publique peut cependant catalyser l'émulation entre entreprises, encourager l'expérimentation, et inciter des initiatives communes entre entreprises.*

MESURES PRIORITAIRES

1. Susciter le lancement et financer une convention des entreprises pour l'IA, inspirée de la convention des entreprises pour le climat, qui réunit des entreprises au niveau départemental et au niveau national pour diffuser les cas d'usage, discuter des bonnes pratiques et des risques liés à l'IA et élaborer des feuilles de route pour leur organisation.

2. Créer un « prêt bonifié pour la transformation IA » ouvert à toutes les entreprises qui investissent dans le déploiement de l'IA : le prêt, d'une durée de deux ans et accordé par Bpifrance, permet notamment aux entreprises de financer des projets profitables de déploiement des outils d'IA (prestation de conseil, achat de licences, etc.). Organiser ce dispositif avec les conseils régionaux afin de l'étendre, de l'amplifier et de le diffuser.

MESURES IMPORTANTES

3. Déployer un appel à projets pour le développement de « Communs d'IA » doté de 1,5 milliard d'euros avec une relève bimestrielle jusqu'à fin 2025, pour financer des projets portés par des consortiums européens associant des acteurs spécialisés de l'IA et des entreprises d'autres secteurs afin de déployer des outils, partagés, adaptés à des secteurs ou des métiers.

4. Faire de l'État un primo-adoptant de systèmes d'IA lui permettant d'adapter au mieux ces technologies à ses besoins et de jouer un rôle moteur dans leur adoption (voir les recommandations n° 8, 9 et 10).

Ministères pilotes : services du Premier ministre et ministère de l'Économie et des Finances
Moyens sur cinq ans (M€) : 2 600 M€
Dont impact maastrichtien : 1 600 M€
Moyens annuels (M€) : 520 M€
Dont impact maastrichtien : 320 M€
Levier juridique : sans objet

Recommandation n° 21. Faciliter l'appropriation et l'accélération des usages de l'IA dans la culture et les médias pour limiter la polarisation entre grands groupes et petits acteurs et lutter contre la désinformation.

Contexte et objectif. *La structure industrielle des domaines culturels et médiatiques est oligopolistique : une poignée de grands groupes et un très grand nombre d'ETI et PME voire d'indépendants. Le déploiement de l'IA est de nature à accentuer la polarisation des secteurs culturels et médiatiques entre quelques grands groupes et des entreprises bien plus petites, en matière de production mais aussi de diffusion. Il en va ainsi particulièrement dans le domaine de l'information qui connaît un risque démocratique avec une polarisation des acteurs : l'entrée de nouveaux acteurs sans responsabilité éditoriale, et peut voir se développer les phénomènes de désinformation, mésinformation ou de bulles de filtres avec des interfaces conversationnelles.*

MESURES PRIORITAIRES

1. **Créer un Fonds d'innovation et d'appropriation des IA dans la culture et les médias. Étendre l'initiative au niveau européen** au sein du programme Europe Creative.

2. **Renforcer la lutte contre la désinformation en contribuant au financement d'initiatives** en faveur de la transparence des sources, de la responsabilité éditoriale, de la traçabilité de l'information, des audits de modèles, de la construction de bases de données de *fact-checking*…

Ministère pilote : ministère de la Culture
Moyens sur cinq ans (M€) : 60 M€
Dont impact maastrichtien : 60 M€
Moyens annuels (M€) : 15 M€
Dont impact maastrichtien : 15 M€
Levier juridique : sans objet

Responsabilité : maîtriser, auditer, protéger

Soutenir le développement d'IA ouvertes pour favoriser la diffusion, la transparence, l'auditabilité et l'innovation dans l'IA

Recommandation n° 4. Porter une stratégie de soutien à l'écosystème d'IA ouverte au niveau international en soutenant l'utilisation et le développement de systèmes d'IA ouverts et les capacités d'inspection et d'évaluation par des tiers.

Contexte et objectif. *Le développement d'IA ouvertes a de nombreux bénéfices pour la concurrence, l'innovation, la transparence et la diffusion de l'IA. Cela nécessite que les briques* open source *soient compétitives et soutenues par une communauté impliquée, mais aussi que l'ouverture dépasse celle des seuls modèles. Certains maillons de la chaîne de production de l'IA ouverte seront soutenus par des acteurs privés qui y trouvent leur intérêt. Pour d'autres maillons, un soutien public additionnel pourrait être utile. S'agissant d'efforts en continu, il est crucial que ce soutien se fasse* via *des fondations spécialisées bien financées.*

MESURES PRIORITAIRES

1. Soutenir l'émergence de fondations européennes soutenant le développement de l'IA ouverte, en finançant le développement de briques *open source* nécessaires à l'entraînement, au déploiement et

à l'évaluation des modèles d'IA (entraînement, annotation, alignement, renforcement, audit et contrôle). Ces fondations pourraient être en partie financées par le Fonds international pour l'IA d'intérêt général.

2. Soutenir l'implication des chercheurs français dans l'*open source*, en leur permettant d'être mis à disposition sur des projets *open source*, sur le modèle de la mise à disposition des chercheurs dans des entreprises innovantes.

3. Adopter une définition large de la valorisation de la recherche pour prendre en compte ses différentes formes, au-delà de la passation de contrat attaché à un accord de licence, en s'appuyant sur les différentes expériences des organismes de recherche.

4. Sécuriser et encourager la publication et l'utilisation de modèles ouverts en clarifiant la répartition des responsabilités juridiques entre fourniture de données, développement de modèle, réentraînement et déploiement du modèle en lien avec le règlement européen sur l'IA.

Ministères pilotes : ministère de l'Enseignement supérieur et de la Recherche et ministère de l'Économie et des Finances

Moyens sur cinq ans (M€) : 0 M€

Dont impact maastrichtien : 0 M€

Moyens annuels (M€) : 0 M€

Dont impact maastrichtien : 0M€

Levier juridique : dispositions législatives

Favoriser les systèmes d'IA à faible impact sur l'environnement

Recommandation n° 5. Faire de la France un pionnier de l'IA pour la planète en renforçant la transparence environnementale, la recherche dans des modèles à faible impact, et l'utilisation de l'IA au service des transitions énergétique et environnementale.

Contexte et objectif. *L'augmentation rapide de la consommation énergétique et de ressources (eau, métaux) occasionnée par le développement et le fonctionnement de l'IA suscite des inquiétudes quant à son impact environnemental, mais cet impact ne peut être évalué précisément faute de données. Une plus grande transparence sur ce sujet est indispensable, tout comme l'est un effort de recherche sur des systèmes d'IA et des semi-conducteurs moins consommateurs d'énergie et de matières premières. À l'inverse, grâce aux gains d'efficacité qu'elle rend possibles, l'IA peut permettre de réduire fortement les émissions de gaz à effet de serre dans de nombreux secteurs : énergie, transports, agriculture, logement… Les applications de l'IA au service de l'environnement restent cependant balbutiantes et appellent des efforts accrus.*

MESURES PRIORITAIRES

1. **Soutenir la recherche visant à développer des systèmes d'IA à faible impact énergétique et environnemental** dans le cadre de l'augmentation générale du financement public de la recherche en IA (recommandation 19, mesure 10). Cet objectif pourrait être

poursuivi en améliorant l'efficience de paradigmes existants ou en explorant de nouveaux paradigmes.

2. Soutenir la recherche dans le développement de semi-conducteurs permettant de réduire l'impact énergétique et environnemental des IA dans le cadre du soutien à la recherche dans les semi-conducteurs (recommandation 13, mesure 2). Cet objectif pourrait se faire en améliorant la performance de composants existants ou en explorant de nouveaux types de composants (par exemple inspirés du stockage de l'information sans énergie par l'ADN).

3. Rendre obligatoire, à l'échelle de l'Union européenne, une transparence spécifique sur les données d'impact environnemental relatives à l'IA en privilégiant les processus électroniques et automatiques de mesure, de documentation et de publication de ces informations. Rendre obligatoire, dans le cadre des obligations de *reporting* extracomptable de la *Corporate Sustainability Reporting Directive* (CSRD), l'information du public sur les données environnementales liées à la création, à l'entraînement et à l'inférence des modèles à usage général (notamment données sur la consommation énergétique et en carbone, localisation des centres de données, données sur la consommation d'eau). Rendre obligatoire la publication de certaines données pour candidater à des marchés publics.

4. Financer un programme de recherche « IA pour la planète », notamment *via* le Fonds international pour l'IA d'intérêt général, pour conduire des projets de recherche s'appuyant sur des outils d'IA visant à accélérer la transition vers une économie durable.

Ministères pilotes : ministère de l'Europe et ministère de la Recherche

Moyens sur cinq ans (M€) : 100 M€

Dont impact maastrichtien : 100 M€

Moyens annuels (M€) : 20 M€

Dont impact maastrichtien : 20 M€

Levier juridique : directive européenne ou acte délégué

Bâtir une gouvernance internationale qui fait aujourd'hui défaut

Recommandation n° 22. Structurer une initiative diplomatique cohérente et concrète visant la fondation d'une gouvernance mondiale de l'IA.

Contexte et objectif. *Les nombreuses initiatives engagées ces dernières années n'ont pas permis de faire émerger de gouvernance internationale de l'IA. Une approche novatrice est nécessaire, qui associe les États, dont la légitimité reste entière au regard des enjeux éthiques et politiques de l'IA, les entreprises, qui sont aujourd'hui le moteur du développement de l'IA, et la société civile. La préparation du sommet prévu en France offre l'opportunité d'une initiative diplomatique forte, en 2024, visant à la mise en place de cette gouvernance internationale.*

MESURES PRIORITAIRES

1. Construire au cours de l'année 2024 une coalition mondiale d'acteurs publics et privés pour fonder une gouvernance internationale de l'IA. Cette coalition inclura les partenaires diplomatiques de la France ainsi que les acteurs non étatiques appelés à participer à cette future gouvernance. Le sommet sur l'IA qu'accueillera la France pourrait être le moment de la fondation de cette gouvernance. Ériger par traité international une Organisation mondiale de l'IA (World AI Organization, WAIO) qui présente les caractéristiques suivantes : (i) composition : à parts égales, d'une part, de représentants des États et des organisations interétatiques et, d'autre part, de représentants individuels répartis en quatre collèges représentant les acteurs clés

de l'IA (recherche, structures privées d'intérêt général, entreprises, territoires) ;
(ii) missions : établir des processus et normes, si nécessaires contraignantes, sur les systèmes d'IA, notamment en matière d'audit, afin de favoriser un développement vertueux des IA ; faire un état des connaissances sur l'évolution des systèmes d'IA et ses impacts ; décider des orientations stratégiques pour le financement de projets d'intérêt général mondial ;
(iii) gouvernance : une assemblée générale ; un organe exécutif collégial restreint (au maximum 10 personnes) serait chargé d'assurer, non seulement le fonctionnement et la gestion, mais aussi la conduite des projets de l'organisation ; une instance spécialisée pour la standardisation, dotée d'une grande autonomie et de garanties fortes d'impartialité ;
(iv) financement : répartition de manière pérenne à parts égales par les États et l'ensemble des composantes non étatiques.
(v) ressources : renforcer l'expertise propre de cette structure avec la participation de représentants des professions d'experts techniques nationales ou régionales (CEN-Cenelec, etc.).

2. Proposer, dans le cadre de cette coalition, de créer un Fonds international pour l'IA au service de l'intérêt général (International Fund for Public Interest AI, IFPAI), doté d'un budget annuel total de 500 millions d'euros souscrit auprès des parties prenantes internationales publiques et privées, avec pour objectif de financer des projets d'intérêt général mondial : des services d'IA libres (*open*) et gratuits, des projets de recherche indépendante pour créer le marché des audits de l'IA, des innovations (dans l'environnement, la science, la santé…).

3. Promouvoir, dans le cadre de cette coalition, le mécanisme international « 1 % IA », mécanisme d'accès à la puissance de calcul pour les pays en voie de développement. Tous les acteurs investissant significativement dans la puissance de calcul pourraient s'engager à en allouer 1 % à ces pays.

MESURES IMPORTANTES

4. Valoriser à l'étranger l'engagement de la France envers la fondation de la gouvernance mondiale tout au long de l'année 2024. À l'occasion du Novembre numérique organisé par l'Institut français, organiser dans chaque poste diplomatique un événement ou une série d'événements impliquant la démonstration pratique de cas d'usage de l'IA au service de l'intérêt général et du développement économique.

> **Ministères pilotes :** ministère des Affaires étrangères, ministère de la Culture et ministère de l'Économie et des Finances
> **Moyens sur cinq ans (M€) : 300 M€** (dont participation de la France à l'IFPAI)
> Dont impact maastrichtien : 300 M€
> **Moyens annuels (M€) : 60 M€**
> Dont impact maastrichtien : 60 M€
> **Levier juridique :** traité international

Recommandation n° 23. Structurer dès maintenant un écosystème national ouvert de gouvernance de l'IA.

Contexte et objectif. *Alors que l'IA connaît un développement très rapide, la mise en place d'une gouvernance nationale spécifique à ce sujet est indispensable pour plusieurs raisons : mettre le pays en ordre de marche pour l'entrée en vigueur du règlement européen sur l'IA ; assurer l'application la plus cohérente possible de l'ensemble des réglementations qui touchent l'IA ; être en mesure de suivre précisément les évolutions de l'IA et de réagir rapidement, en particulier dans l'hypothèse où de nouveaux risques apparaîtraient ; permettre à la France de peser dans les discussions internationales.*

MESURES PRIORITAIRES

1. Installer un Conseil de l'IA rassemblant une quinzaine de personnalités qualifiées, inspiré de l'ancien AI Council britannique. Parmi ces personnalités qualifiées, prévoir en particulier la participation de représentants des partenaires sociaux, des chercheurs de l'IA et des représentants d'entreprises spécialisées de l'IA. Confier à ce Conseil les missions suivantes : (i) assurer un dialogue ouvert et un échange d'idées entre l'industrie, les acteurs culturels, le monde universitaire et l'administration ; (ii) conseiller le gouvernement sur les priorités, les opportunités et les défis pour l'adoption responsable de l'IA ; (iii) partager de l'expertise sur les systèmes d'IA, leur développement et leur impact ; (iv) orienter et débattre de travaux d'anticipation des transformations sociétales à venir. Confier à la Coordination nationale de l'IA (CNIA) le secrétariat de ce Conseil.

2. Acter le rôle interministériel de la Coordination nationale de l'IA (CNIA) et élargir ses missions à la concertation, la planification et la prospective. Placer la CNIA à un niveau interministériel afin d'assurer la cohérence et l'exercice des missions d'investissements, de concertation et de prospective. Mener en continu et avec ambition des travaux prospectifs et d'anticipation des évolutions de l'IA (avec l'appui du Conseil national de l'IA), afin d'anticiper ses effets sur la société et préparer les transformations sociétales nécessaires.

3. Établir une instance de coordination administrative souple, la « mission IA » (AI Office). Cette instance réunirait les principaux chefs de file administratifs de la politique de l'IA autour d'au moins sept compétences : la concertation, la prospective, les investissements stratégiques, la transformation publique, l'évaluation des risques, la diplomatie et la régulation. Confier à la CNIA le secrétariat

de cette « mission », qui réunirait au moins le Secrétariat général pour l'investissement (SGPI), la Ditnum, le Secrétariat général de la défense et de la sécurité nationale (SGDSN), l'Institut national de recherche en informatique et en automatique (Inria) en tant qu'agence de programme du numérique, l'ambassadeur pour le numérique, un représentant des autorités de régulation (Cnil, Arcep et Autorité de régulation de la communication audiovisuelle et numérique – Arcom).

4. Constituer une instance rassemblant l'ensemble des autorités de régulation intervenant dans le champ de la donnée et de l'IA en s'appuyant sur le réseau des régulateurs du numérique en cours de création (*via* la loi visant à sécuriser et réguler l'espace numérique, dite SREN).

MESURES IMPORTANTES

5. Organiser annuellement la « Conférence politique de l'IA », une instance politique de concertation constituée de représentants de l'État et des collectivités territoriales. Confier à la Coordination nationale de l'IA (CNIA) le secrétariat de ce Conseil.

> **Ministères pilotes** : services du Premier ministre, ministère de l'Économie et des Finances et ministère de la Recherche
> **Moyens sur cinq ans (M€) : 5 M€**
> Dont impact maastrichtien : 5 M€
> **Moyens annuels (M€) : 1 M€**
> Dont impact maastrichtien : 1 M€
> **Levier juridique** : dispositions législatives

Disposer en France d'une capacité d'évaluation des systèmes d'IA

Recommandation n° 24. Doter la France et l'Europe d'un écosystème d'évaluation public et privé des systèmes d'IA au plus proche des usages et des derniers développements technologiques.

Contexte et objectif. *La France est bien positionnée sur l'évaluation grâce, d'une part, au lancement précoce du grand défi sur l'IA de confiance et, d'autre part, à sa participation aux projets européens de plateformes de test et d'expérimentation pour l'IA* (testing and experimentation facilities, *TEF). En complément de cet effort, qui doit se poursuivre, une attention particulière doit être portée à la préparation de la mise en œuvre du règlement européen sur l'intelligence artificielle, qui fournit un premier cadre formel pour l'évaluation des systèmes d'IA.*

MESURES PRIORITAIRES

1. Au niveau européen, demander une mise en œuvre de l'*IA Act* unifiée et pilotée au plus près des usages et des marchés. Éviter la possibilité de course au moins-disant entre les pays membres. Définir les méthodes d'évaluation au plus près des usages pour s'assurer de leur pertinence dans chaque contexte d'usage. À court terme, l'AI Office européen devrait fournir une expertise aux autorités sectorielles. À long terme, chaque autorité sectorielle devrait être montée en compétence afin de définir des normes adaptées à ses activités.

2. Au niveau européen, définir la conformité aux obligations de documentation et d'évaluation du règlement IA de la manière la

plus automatisée possible. Les développeurs de modèles ont déjà des pratiques de documentation et de test de leurs modèles. Les obligations de documentation et d'évaluation du règlement IA devraient prendre appui sur ces processus qualité afin de les renforcer sans réduire leur automatisation.

3. Au niveau national, anticiper la mise en œuvre du règlement IA en organisant le réseau d'évaluation et de surveillance des systèmes d'IA. Plutôt que de concentrer les responsabilités d'évaluation dans un unique AI Safety Office, désigner des autorités de surveillance du marché en privilégiant leur proximité aux marchés concernés. Demander à la Coordination nationale de l'IA d'animer le réseau des acteurs français de l'évaluation des systèmes d'IA (organismes notifiés, autorités de surveillance du marché, organismes de certification…). Renforcer les moyens du Pôle d'expertise pour la régulation numérique (Peren) et des centres nationaux d'essais au service des autorités de surveillance du marché.

4. Veiller à la prise en compte des intérêts français et européens dans les travaux de normalisation concernant l'évaluation des systèmes d'IA. Établir une feuille de route identifiant les besoins non couverts par les travaux en cours. Financer la participation d'experts français à ces travaux.

5. Positionner la France et l'Europe parmi les leaders de l'évaluation des systèmes d'IA, en lançant un grand challenge international d'évaluation des systèmes d'IA, s'appuyant sur un référentiel d'évaluation standardisé ; mener une première campagne d'évaluation en 2024 dans le cadre de ce grand challenge, en vue d'en présenter les résultats lors d'un événement organisé à l'occasion du sommet de Paris. Intégrer dans ces challenges l'évaluation à la fois de la performance et des autres dimensions du modèle (transparence, capacité d'audit, etc.).

6. Faire du service public un moteur pour l'écosystème d'évaluation des IA. Édicter un guide de la documentation et de l'évaluation

des IA du service public, avec des bonnes pratiques minimales, des briques d'évaluation *open source* et des partenariats avec des entreprises spécialisées.

7. Élaborer un circuit d'audit des algorithmes utilisés dans le cadre du travail, notamment afin d'attester de la légalité des bases de données d'entraînement et de minimiser les biais algorithmiques au travail.

Ministères pilotes : services du Premier ministre et ministère de l'Économie et des Finances
Moyens sur cinq ans (M€) : 15 M€
Dont impact maastrichtien : 15 M€
Moyens annuels (M€) : 3 M€
Dont impact maastrichtien : 3 M€
Levier juridique : dispositions législatives

Éviter les positions concurrentielles dominantes

Recommandation n° 25. Anticiper les concentrations de marché sur l'ensemble de la chaîne de valeur de l'IA.

Contexte et objectif. *Limiter les positions concurrentielles dominantes favorise la croissance et une juste répartition des gains économiques. Or des enjeux concurrentiels apparaissent à plusieurs niveaux de la chaîne de valeur IA : (i) en amont pour l'accès aux ressources nécessaires à la création de valeur (processeurs graphiques,* cloud*) ; (ii) en aval au travers d'offres commerciales (vente liée) ; et (iii) au cœur de la chaîne de valeur* via *la nécessaire limitation de la concentration (tel l'investissement de Microsoft dans OpenAI). Il est donc essentiel d'étudier et d'anticiper l'évolution concurrentielle de la chaîne de valeur pour permettre le bon exercice de la concurrence.*

MESURES PRIORITAIRES

1. Mettre en place au niveau européen la réglementation nécessaire pour favoriser la concurrence dans l'IA en complétant le règlement européen sur les marchés numériques pour l'adapter à la structuration de la chaîne de valeur de l'IA.

2. Détailler les catégories relatives à la chaîne de valeur de l'IA au sein des statistiques de commerce extérieur afin de mesurer plus précisément les dépendances et les forces de la France et de l'Europe.

3. Conduire des travaux préparatoires à un changement de doctrine de la politique de concurrence, en passant d'un système *statique* (quelles parts de marché sont détenues *aujourd'hui* par cette entreprise ?) à une vision *dynamique* (quelles parts de marché pourrait *demain* détenir cette entreprise et quelles entreprises pourraient *demain* entrer sur ce marché ?).

Ministère pilote : ministère de l'Économie et des Finances
Moyens sur cinq ans (M€) : 0 M€
Dont impact maastrichtien : 0 M€
Moyens annuels (M€) : 0 M€
Dont impact maastrichtien : 0 M€
Levier juridique : règlement ou directive de l'Union européenne

Mission de la Commission de l'intelligence artificielle

La Commission de l'intelligence artificielle (IA) a été installée le 19 septembre 2023 par le gouvernement.
Le gouvernement a rassemblé des acteurs de différents secteurs (culturel, économique, technologique, recherche), pour contribuer à éclairer ses décisions et faire de la France un pays à la pointe de la révolution de l'intelligence artificielle. Les membres de cette Commission ont présenté leurs propositions concrètes après six mois de travail.

Composition de la Commission

Présidents

- **Philippe Aghion** – Professeur au Collège de France
- **Anne Bouverot** – Présidente de l'École normale supérieure

Membres

- **Gilles Babinet** – Coprésident, Conseil national du numérique
- **Joëlle Barral** – Directrice senior de la recherche et de l'ingénierie, Google DeepMind
- **Alexandra Bensamoun** – Professeure de droit, Université Paris-Saclay
- **Nozha Boujemaa** – VP mondiale Innovation et Confiance de l'IA, Decathlon
- **Bernard Charlès** – PDG, Dassault Systèmes
- **Luc Julia** – Chef scientifique et expert IA, Renault

- **Yann Le Cun** – VP et directeur de l'IA, Meta
- **Arthur Mensch** – Cofondateur et directeur général, Mistral
- **Cédric O** – Conseiller fondateur, Mistral, et ancien secrétaire d'État au Numérique
- **Isabelle Ryl** – Directrice, PaRis Artificial Intelligence Research InstitutE (PRAIRIE, PSL)
- **Franca Salis-Madinier** – Membre de l'European Economic and Social Committee
- **Martin Tisné** – Directeur général, AI Collaborative
- **Gaël Varoquaux** – Directeur de recherche, Inria (Institut national de recherche en informatique)

Rapporteurs généraux :

- **Arno Amabile** – Adjoint au chef du service, Conseil général de l'économie
- **Cyprien Canivenc** – Rapporteur général, Comité de surveillance des investissements d'avenir

Rapporteurs :

- **Marc Auberger** – Inspecteur général des finances
- **Simon Bunel** – Économiste, Banque de France
- **Philippe Chantepie** – Inspecteur général des affaires culturelles
- **Eloy Dorado** – Chargé de mission, directeur général du travail
- **Émilie-Pauline Gallié** – Inspectrice générale de l'éducation, du sport et de la recherche
- **Paul Jolie** – Ingénieur général des mines, Conseil général de l'économie
- **Arnaud Mazier** – Ingénieur général des mines, Conseil général de l'économie
- **Vincent Montreuil** – Inspecteur général de l'éducation, du sport et de la recherche
- **Erwan Paitel** – Inspecteur général de l'éducation, du sport et de la recherche
- **Timothée Paris** – Maître des requêtes, Conseil d'État
- **Christophe Ravier** – Ingénieur général des mines, Conseil général de l'économie
- **Ulrich Tan** – Directeur du Datalab, Direction interministérielle du numérique
- **Louis-Charles Viossat** – Inspecteur général des affaires sociales

Biographies des membres

Philippe Aghion

Philippe Aghion est professeur au Collège de France et à l'INSEAD, professeur invité à la London School of Economics et membre de l'Econometric Society ainsi que de l'American Academy of Arts and Sciences. Ses recherches portent sur l'économie de la croissance. Avec Peter Howitt, il a été le pionnier du paradigme de la croissance dite « schumpétérienne », qui a ensuite été utilisé pour analyser la conception des politiques de croissance et le rôle de l'État dans le processus de croissance. Une grande partie de ces travaux est résumée dans leurs livres communs *Endogenous Growth Theory* (MIT Press, 1998) et *The Economics of Growth* (MIT Press, 2009), dans son livre avec Rachel Griffith sur la concurrence et la croissance (MIT Press, 2006), et dans son étude « What do we learn from Schumpeterian Growth Theory » (en collaboration avec U. Akcigit et P. Howitt).

En 2001, Philippe Aghion a reçu le prix Yrjö Jahnsson du meilleur économiste européen de moins de 45 ans ; en 2009, il a reçu le prix John von Neumann ; et en mars 2020 il a partagé le BBVA Frontier of Knowledge Award avec Peter Howitt pour avoir « développé une théorie de la croissance économique basée sur l'innovation qui émerge du processus de destruction créatrice ». Plus récemment, Philippe Aghion a publié un nouvel ouvrage intitulé *Le Pouvoir de la destruction créatrice* (Odile Jacob, Harvard University Press) en collaboration avec C. Antonin et S. Bunel. Tout en réévaluant les fondements de la réussite économique et en proposant un plan de changement, *Le Pouvoir de la destruction créatrice* montre également qu'il ne tient qu'à nous de dessiner un avenir juste et prospère.

Anne Bouverot

Anne Bouverot a passé la majeure partie de sa carrière dans le secteur technologique et conseille aujourd'hui des entreprises publiques et privées ainsi que des scale-up. Elle préside le conseil d'administration de l'École normale supérieure – Paris sciences et lettres. Elle est également présidente de Cellnex, premier opérateur d'infrastructures de télécommunications mobiles en Europe.

En 2017, elle a cofondé la Fondation Abeona « Pour un développement responsable de l'IA » sur les impacts sociétaux de l'intelligence artificielle, qui a notamment donné lieu à une chaire sur la justice sociale et l'IA et un MOOC d'introduction à l'IA déjà suivi par plus de 300 000 personnes. Elle copréside l'Institut IA & Société récemment lancé à Paris. Elle a passé les vingt premières années de sa carrière chez Orange, où elle a occupé plusieurs postes, avant de devenir directrice générale de la GSMA (l'association mondiale des télécommunications mobiles), puis PDG de Morpho (solutions de sécurité et d'identité numériques). Elle est diplômée de l'École normale supérieure en mathématiques, titulaire d'un diplôme d'ingénieur en télécommunications et d'un doctorat en intelligence artificielle.

Gilles Babinet

Gilles Babinet est un entrepreneur numérique. Il a fondé de nombreuses entreprises dans des domaines aussi variés que le conseil (Absolut, Laitao), la construction (Escalade Industrie), la musique mobile (Musiwave), la cocréation (eYeka), les outils d'aide à la décision (Captain Dash), etc.
Entre avril 2011 et avril 2012, il a été le premier président du Conseil national du numérique. Il en est aujourd'hui le coprésident. Il a également été nommé « *digital champion* » auprès de la Commission européenne en 2012. À ce titre, il a représenté la France auprès de la Commission européenne sur les questions d'inclusion numérique et d'éducation. Il est également professeur à HEC.

Joëlle Barral

Joëlle Barral est directrice de la recherche de Google DeepMind (GDM). Basée à Paris, elle conduit des activités de recherche fondamentale intégrant les aspects théoriques et empiriques des modèles frontières ainsi que des projets en intelligence artificielle et sciences de la vie. Elle est aussi en charge des activités de GDM dans le domaine de la santé. Elle dirige une équipe de chercheurs et d'ingénieurs répartis en Europe et en Amérique du Nord.
Elle était auparavant chargée de l'ingénierie chez Verily – société sœur de Google dédiée aux sciences de la vie – et directrice de Verily Surgical. Elle a rejoint Verily en 2014 et a mis en place une *joint-venture* avec Johnson & Johnson, Verb Surgical, pionnière d'une vision de la chirurgie robotique où le *machine learning* et les outils numériques assistent les chirurgiens.

Avant de rejoindre Verily, Joëlle Barral travaillait pour HeartVista, un spin-off de l'Université de Stanford, au sein de laquelle elle a développé un logiciel d'IRM pour l'évaluation des cardiopathies ischémiques et valvulaires. Elle est l'auteur de plusieurs brevets dans des domaines allant de la santé maternelle à la pathologie numérique, à la robotique chirurgicale et à l'imagerie médicale.
Diplômée de l'École polytechnique en mathématiques et en physique, Joëlle Barral est aussi titulaire d'un master et d'un doctorat en génie électrique dans le domaine de l'imagerie par résonance magnétique à haute résolution, délivrés par l'Université de Stanford, où elle était aussi Simon Stertzer Biodesign Innovation Fellow. Elle est lauréate du prix Pierre-Faurre 2019.

Alexandra Bensamoun

Alexandra Bensamoun est professeure de droit à l'Université Paris-Saclay, spécialisée en propriété intellectuelle et en droit du numérique. Elle a créé et dirige un double diplôme master 2/LLM en PI/TI (avec les universités de Laval au Québec et de Madrid en Espagne).
Nommée « personnalité qualifiée » au CSPLA (Conseil supérieur de la propriété littéraire et artistique, ministère français de la Culture), où elle a mené plusieurs missions – notamment sur la responsabilité des intermédiaires techniques, sur le droit de communication au public, sur l'intelligence artificielle et la culture, et sur le *text and data mining* –, Alexandra Bensamoun est également experte auprès de l'Unesco sur la convention de 2005 sur la diversité des expressions culturelles. Auparavant, elle a codirigé la partie « Questions juridiques » du rapport au président de la République française *#FranceIA* (2017). Elle est l'auteur de nombreux projets de recherche individuels et collectifs, dont un traité sur le droit de l'intelligence artificielle (LGDJ/Lextenso, 2019, 2022).
Impliquée dans différents réseaux de recherche, Alexandra Bensamoun est chercheuse associée à OBVIA (Observatoire international sur les impacts sociétaux de l'IA et du numérique, Québec), membre du comité exécutif de l'ALAI (Association littéraire et artistique internationale) et membre du comité exécutif de l'Institut DATAIA de l'Université Paris-Saclay.

Nozha Boujemaa

Nozha Ben Hajel-Boujemaa est vice-présidente mondiale de l'innovation et de la confiance en matière d'IA chez Decathlon. Elle a été vice-présidente mondiale de l'éthique numérique et de l'IA responsable pour IKEA-Retail, mettant en œuvre l'IA digne de confiance dans les opérations de vente au détail d'IKEA dans plus de trente pays. Avant de rejoindre IKEA-Retail, le docteur Boujemaa a occupé le poste de *chief science and innovation officer* dans une société de médecine personnalisée utilisant l'IA pour le diagnostic précoce et la prédiction de la gravité du cancer dans l'industrie des soins de santé. Mme Boujemaa a coprésidé plusieurs groupes d'experts à OECD.AI, notamment la définition des « principes de l'IA digne de confiance », la « mise en œuvre et les outils de l'IA digne de confiance » pour traduire ces principes en actions et, actuellement, le groupe d'experts de l'IA « Risque et responsabilité de l'IA », qui se concentre sur les mesures techniques. Elle a été vice-présidente du groupe d'experts de haut niveau de la Commission européenne sur l'intelligence artificielle, où elle a dirigé l'élaboration du rapport *Ethical Guidelines for Trustworthy AI* (lignes directrices éthiques pour une IA digne de confiance). En outre, elle a été membre du comité directeur du Forum économique mondial sur la confiance numérique. Mme Boujemaa était auparavant directrice du centre de recherche Inria de Saclay et directrice de recherche à la tête du groupe de recherche sur la recherche multimédia. Elle est la fondatrice de l'institut interdisciplinaire d'IA DATAIA. Mme Boujemaa est titulaire d'un doctorat et d'une HDR en informatique, est chevalier de l'Ordre national du mérite français, mère d'un *data scientist* et d'un *data analyst*, ainsi qu'épouse d'un stratège numérique.

Bernard Charlès

Bernard Charlès est directeur général de Dassault Systèmes depuis 1995 et président du conseil d'administration depuis janvier 2023. Entré dans l'entreprise en 1983 pour développer de nouvelles technologies, il crée en 1986 le département « Nouvelles technologies, recherche et stratégie ». En 1988, il est nommé directeur de la stratégie et de la recherche-développement.

Bernard Charlès est membre du conseil d'administration de Sanofi. Il est membre de la National Academy of Engineering aux États-Unis, de l'Académie des technologies en France et officier de la Légion d'honneur.

Ancien élève de l'École normale supérieure de Cachan, il est agrégé et docteur en mécanique, spécialisé dans l'ingénierie de l'automatisation et des sciences informatiques.

Luc Julia

Luc Julia est un ingénieur et informaticien franco-américain, né à Toulouse et spécialisé dans l'IA. Après avoir obtenu une licence et une maîtrise en mathématiques et en informatique à l'Université Pierre-et-Marie-Curie à Paris, il a obtenu un doctorat en informatique à Télécom Paris.
Il a commencé sa carrière en 1994 chez SRI International, où il a créé le Computer Human Interaction Center. Il est l'un des concepteurs de l'assistant vocal Siri. Il a participé au lancement de Nuance Communications, aujourd'hui leader mondial de la reconnaissance vocale, et a cofondé plusieurs start-up dans la Silicon Valley.
Ancien vice-président de Samsung en charge de l'innovation (2012-2021), il a rejoint Renault en 2021 en tant que directeur scientifique. Il est également chevalier de la Légion d'honneur.

Yann Le Cun

Yann Le Cun est vice-président et *chief AI scientist* à Meta et professeur à la New York University (NYU), où il est affilié au Courant Institute of Mathematical Sciences et au Center for Data Science.
Après un diplôme d'ingénieur de l'ESIEE et un doctorat à Sorbonne Université, puis des postes de recherche chez AT&T et NEC, il a été le directeur et fondateur fin 2013 de Facebook AI Research et du Center for Data Science de NYU. Ses recherches ont porté principalement sur l'IA, l'apprentissage machine, la vision artificielle et la robotique. Il est l'inventeur des réseaux convolutifs et un des chefs de file de l'apprentissage profond qui, depuis quelques années, a révolutionné l'IA. Il a été titulaire de la chaire annuelle « Informatique et sciences numériques » au Collège de France pendant l'année 2015-2016.
Il est chevalier de l'ordre national de la Légion d'honneur, membre de l'Académie des sciences, de la National Academy of Sciences et de la National Academy of Engineering américaines. Il est *fellow* de l'AAAI et de l'AAAS et a reçu des doctorats *honoris causa* ainsi que de nombreux prix pour ses travaux, dont le

prix Turing 2018 de l'Association for Computing Machinery (avec G. Hinton et Y. Bengio) pour « des avancées conceptuelles et pratiques qui ont rendu les réseaux de neurones profonds un composant critique de l'informatique ».

Arthur Mensch

Arthur Mensch est directeur général et cofondateur de Mistral AI.

Polytechnicien et docteur de l'Inria (Institut national de recherche en informatique), il a commencé sa carrière chez DeepMind, où il a travaillé sur les grands modèles de langage, avant de revenir en France pour fonder Mistral avec Guillaume Lample et Timothée Lacroix.

Cédric O

Cédric O a été conseiller du président de la République française Emmanuel Macron de 2017 à 2019 et ministre du Numérique entre 2019 et 2022. Depuis 2023, il est conseiller cofondateur de Mistral AI et membre du conseil d'administration d'Artefact.

Il a dirigé la politique d'innovation de la France pendant le premier mandat d'Emmanuel Macron (2017-2022) et, en tant que président du Conseil européen, a été l'une des principales parties prenantes de l'adoption des règlements *Digital Market Act* et *Digital Services Act* par l'Union européenne. Cédric O a travaillé auparavant dans le secteur public (conseiller du ministre des Finances 2012-2014) et dans le secteur privé (groupe Safran). Il a été l'un des membres fondateurs du parti En Marche et trésorier de sa première campagne présidentielle.

Isabelle Ryl

Isabelle Ryl est professeur d'informatique. Elle est cofondatrice et directrice de PRAIRIE (PaRis Artificial Intelligence Research InstitutE) à l'Université PSL, l'un des quatre instituts interdisciplinaires d'intelligence artificielle labellisés dans le cadre de la stratégie nationale.

Isabelle Ryl est titulaire d'un doctorat en informatique de l'Université de Lille, et a passé plus de douze ans de sa carrière à Inria (Institut national de recherche en informatique), à différents postes de direction. Elle est

experte des questions d'innovation, en particulier de l'intelligence artificielle, et a été membre du Conseil français de l'innovation (organe interministériel chargé de définir les grandes orientations et les priorités de la politique d'innovation). Elle est également chevalier de la Légion d'honneur.

Franca Salis-Madinier

Franca Salis-Madinier est membre du Comité économique et social européen (CESE) et vice-présidente de son groupe des travailleurs. Salariée d'Orange, elle est secrétaire nationale de la CFDT Cadres en charge de l'Europe, du numérique, de l'intelligence artificielle et de la protection des lanceurs d'alerte. Elle siège au conseil d'administration de la Maison des lanceurs d'alerte.
Elle est l'auteur du livre *Guide de l'intelligence artificielle au travail. Vos droits face aux algorithmes*, paru en janvier 2022 aux éditions Eyrolles. Elle a été négociatrice au sein de la Confédération européenne des syndicats de l'accord européen sur la transformation numérique des entreprises, signé en juin 2020. Au CESE, elle a été rapporteure de plusieurs avis sur le numérique et l'IA.

Martin Tisné

Martin Tisné dirige l'AI Collaborative, une initiative du groupe Omidyar créée pour aider à réglementer l'IA sur la base de valeurs et de principes démocratiques et veiller à l'inclusion du public dans cette réglementation.
Martin Tisné apporte à son rôle plus de quinze ans d'expérience en matière d'investissement et de leadership, notamment en conseillant plusieurs chefs d'État sur la politique en matière d'IA, en siégeant au conseil d'administration du Partenariat sur l'IA et en participant à la création de deux initiatives multipartites et de trois ONG.
Il a fondé le Partenariat pour un gouvernement ouvert (OGP) aux côtés de la Maison Blanche d'Obama et a aidé l'OGP à devenir une initiative de plus de soixante-dix pays. Il est également à l'origine de la Charte internationale des données ouvertes, de la Charte des données ouvertes du G7 et de l'engagement du G20 en faveur des principes de données ouvertes. En outre, Martin Tisné a fondé et dirigé l'Initiative pour la transparence et la responsabilité, une collaboration entre donateurs réunissant les plus grands bailleurs de fonds de gouvernements ouverts au monde, a cofondé Publish What You Fund, une campagne mondiale pour la

transparence de l'aide étrangère, et Integrity Watch Afghanistan, la principale ONG de lutte contre la corruption du pays.

En tant qu'entrepreneur philanthropique, Martin Tisné a participé entre autres à la création d'AINow, du Fonds pour l'éthique et la gouvernance de l'IA, de l'agence AWO, de Digital Action et de Reset.

Avant d'être nommé directeur général de l'AI Collaborative en septembre 2023, Martin Tisné a dirigé les efforts de Luminate pour lutter contre les menaces numériques mondiales pesant sur la démocratie par le biais de changements politiques, de campagnes, de partenariats et de litiges.

Gaël Varoquaux

Gaël Varoquaux est directeur de recherche dans le domaine de la science des données à l'Inria (Institut national de recherche en informatique), où il dirige l'équipe Soda. Les recherches de Varoquaux portent d'une part sur les fondements de l'intelligence artificielle, l'apprentissage statistique, le traitement du langage naturel, l'inférence causale, et d'autre part sur les applications à la santé, avec un accent particulier sur la santé publique et l'épidémiologie. Il crée également des technologies : il a cofinancé Scikit-Learn, l'une des boîtes à outils de référence pour l'apprentissage automatique, et a participé à la création de divers outils centraux pour l'analyse des données en Python. G. Varoquaux est titulaire d'un doctorat en physique quantique supervisé par Alain Aspect et est diplômé de l'École normale supérieure de Paris.

Biographies des rapporteurs

Arno Amabile

Ingénieur des mines, Arno Amabile est spécialiste de la transformation numérique des organisations et du développement industriel et numérique. Il a participé au renforcement des compétences numériques de l'État en tant qu'adjoint au DRH du Corps des mines et responsable de la formation à Mines Paris. De 2021 à 2022, il a piloté les travaux numériques des états généraux de la justice et l'élaboration de la nouvelle stratégie numérique du ministère. Il a commencé sa carrière comme *data scientist* à la mairie de New York et à Zalando à Berlin, avant de rejoindre Strasbourg où il a conduit l'action de

l'État pour le développement industriel régional. À cette occasion, il a coordonné le soutien de l'État aux entreprises durant la pandémie de Covid-19 et le plan de relance.
Ancien élève de l'École normale supérieure de Paris en économie, il est diplômé de New York University en informatique urbaine et de Mines Paris.

Cyprien Canivenc

Conseiller référendaire à la Cour des comptes, Cyprien Canivenc est spécialiste des politiques publiques de soutien à l'innovation et au développement industriel. Il a accompagné le déploiement du plan France 2030 en tant que rapporteur général du comité de surveillance des investissements d'avenir et conseiller spécial transformation du secrétariat général pour l'investissement. Également expert du budget de l'État, il a débuté sa carrière à la Cour des comptes et au Haut Conseil des finances publiques. Il est par ailleurs engagé dans le domaine de l'égalité des chances.
Diplômé d'HEC Paris et de l'Université Bocconi, il est un ancien élève de l'École normale supérieure Paris-Saclay et de l'École nationale d'administration.

Marc Auberger

Inspecteur général des finances, Marc Auberger a notamment contribué aux travaux de l'IGF relatifs au développement des jetons numériques (NFT) et des mesures de soutien aux fonds propres au profit des PME. Il a vingt ans d'expérience dans le domaine du capital-investissement et du financement des PME, acquise dans des fonctions de direction au sein notamment du groupe Caisse des dépôts et de Bpifrance. Il a commencé sa carrière professionnelle au sein du ministère des Finances à la direction générale du Trésor et à l'Inspection des finances.
Il est diplômé de l'Institut d'études politiques de Paris et ancien élève de l'École nationale d'administration.

Simon Bunel

Simon Bunel est administrateur de l'Insee et économiste à la Banque de France. Il est par ailleurs professeur associé à l'École normale supérieure et chercheur associé au Farhi Innovation Lab du Collège de France. Ses travaux portent notamment sur les effets des changements technologiques sur la croissance et l'emploi ou encore sur l'évaluation des politiques publiques de R&D et d'innovation. Il est coauteur avec P. Aghion et C. Antonin du livre *Le Pouvoir de la destruction créatrice* paru chez Odile Jacob en 2020.

Diplômé de l'École polytechnique et de l'École nationale de la statistique et de l'administration économique (ENSAE), il finit actuellement son doctorat à l'École d'économie de Paris.

Philippe Chantepie

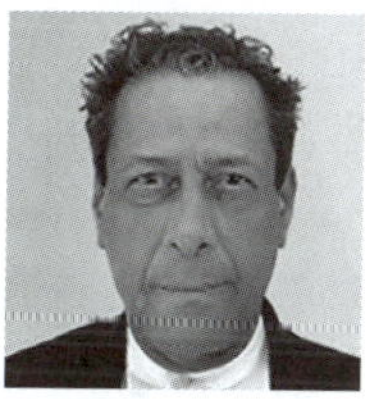

Inspecteur général des affaires culturelles à l'IGAC au ministère de la Culture. Il a dirigé le département des études, de la prospective et des statistiques du ministère de la Culture, dont il a aussi été membre du cabinet chargé de la régulation du numérique et de la propriété littéraire et artistique. Il a été chargé de mission sur la prospective du numérique au Commissariat général du Plan. Il a été auparavant consultant dans le domaine des médias et des industries culturelles, des systèmes bancaires et des marchés financiers. Il enseigne ou a enseigné, comme professeur associé ou chercheur associé, le droit de la propriété intellectuelle et de la concurrence à Paris-I, Paris-II et Sciences Po ; l'économie des industries culturelles à Paris-II, Paris-VIII, Toulouse-Capitole, Télécom Paris-Tech/École polytechnique, PSL-Dauphine.

Il a publié *La Nouvelle Politique économique. L'État face à la mondialisation* avec L. Gautier, O. Piot et D. Plihon (PUF, 1997), *Économie des industries culturelles* avec A. Le Diberder (La Découverte, 2005 ; 2019), *Jeux vidéo : l'industrie culturelle du XXIe siècle ?* avec P.-J. Benghozi (Presses de Sciences Po, 2018), *Économie du cinéma* avec T. Paris (La Découverte, 2021).

Eloy Dorado

Administrateur général de l'État, Eloy Dorado est chargé de mission auprès du directeur général du travail en charge des sujets de veille et de prospective, ancien responsable de plusieurs services déconcentrés (ministères sociaux et économiques et financiers : DIRECCTE et DREETS et au ministère de la Justice – protection judiciaire de la jeunesse) dans la Somme, en région Île-de-France, en outre-mer et dans le Grand Est. Anciennement directeur de projet pour la transformation de l'AFPA en Agence nationale pour la formation professionnelle des adultes.

Émilie-Pauline Gallié

Émilie-Pauline Gallié est inspectrice générale de l'éducation, du sport et de la recherche, spécialisée dans l'évaluation des politiques publiques en matière d'enseignement supérieur et de recherche. Précédemment, elle a travaillé à l'Institut pour le management de la recherche et de l'innovation (IMRI) à l'Université Paris-Dauphine en tant que chargée de recherche et à l'Observatoire des sciences et des techniques en tant que responsable des études sur l'innovation. Ses travaux, effectués pour le compte d'acteurs publics et privés, portaient notamment sur le développement des pôles de compétitivité, la diffusion des technologies de l'information et de la communication et le financement de l'innovation. Elle a également développé des indicateurs sur la qualité des brevets.

Émilie-Pauline Gallié est titulaire d'un doctorat en économie de l'innovation de Paris-Sorbonne Université.

Paul Jolie

Paul Jolie est ingénieur général des Mines, diplômé de l'École polytechnique et de l'École nationale supérieure des télécommunications, devenue Télécom Paris. Il est également titulaire du MBA de l'EDHEC.

Après une carrière passée au centre de recherche de France Télécom et dans différents services opérationnels de l'opérateur, Paul Jolie rejoint l'administration en 2008 pour occuper un poste de DSI adjoint au ministère des Affaires étrangères. Après un passage par l'Inria, il prend le poste de sous-directeur de l'informatique centrale au ministère de l'Économie

et des Finances. Après deux ans comme conseiller pour le numérique auprès du ministre d'État de Monaco, il revient à Bercy pour occuper un poste de conseiller au SISSE, Service d'intelligence économique de l'État. Il rejoint le Conseil général de l'économie (CGE) en 2020 en tant que référent intelligence artificielle.

Arnaud Mazier

Arnaud Mazier est ingénieur général des Mines, membre du Conseil général de l'économie et des technologies. En tant que directeur des systèmes d'information et informaticien, son parcours lui a permis d'être au cœur de la transformation numérique dans des univers publics variés (justice, fiscalité, affaires étrangères, sécurité intérieure, défense, présidence de la République).

Entre 2020 et 2022, il a été à la tête de la direction technique et de l'innovation de la Préfecture de Police, en préparation des jeux Olympiques et Paralympiques Paris 2024.

Vincent Montreuil

Vincent Montreuil est inspecteur général de l'éducation, du sport et de la recherche. Il est spécialisé dans l'évaluation des politiques publiques en matière d'enseignement scolaire, d'enseignement supérieur et de recherche. Il contribue à l'évolution des enseignements et des pratiques pédagogiques dans les champs des sciences et techniques industrielles et de l'informatique. Il possède également une expertise dans le domaine de l'usage du numérique pour l'éducation.

Il a commencé sa carrière comme enseignant au lycée et dans l'enseignement supérieur avant de devenir inspecteur d'académie. Il a notamment contribué à la définition des programmes nationaux de technologie et de sciences de l'ingénieur pour les élèves du secondaire.

Il est un ancien élève de l'École normale supérieure de Cachan, diplômé en génie électrique et en intelligence artificielle. Il est titulaire d'un doctorat en informatique de l'Université de Toulouse.

Erwan Paitel

Erwan Paitel est un haut fonctionnaire français dans les domaines de l'éducation, de la recherche et de l'innovation. Fort d'une expérience riche et variée, il a occupé plusieurs postes clés au sein du ministère de l'Enseignement supérieur et de la Recherche.

Avant de devenir inspecteur général de l'éducation, des sports et de la recherche, Erwan Paitel a été conseiller chargé des formations et des politiques de site auprès du ministre de l'Éducation. Il a été chef de projet du programme « Campus connecté » qui a donné naissance à une centaine de sites d'accès à l'enseignement supérieur en milieu rural. Auparavant, il a été directeur de l'enseignement et des programmes internationaux à l'Université Côte d'Azur, où il a joué un rôle clé dans le développement de partenariats stratégiques, notamment avec l'Université Laval au Québec. En plus de ses responsabilités universitaires, Erwan Paitel a contribué au développement de l'écosystème azuréen de l'intelligence artificielle, notamment en participant à l'émergence de la Maison de l'intelligence artificielle à Sophia-Antipolis.

Erwan Paitel est diplômé de l'École normale supérieure et titulaire d'un doctorat en biologie de l'Université Côte d'Azur.

Timothée Paris

Timothée Paris est membre du Conseil d'État. Juge administratif en tribunal puis en cour d'appel, il a été nommé juge-rapporteur au Conseil d'État en 2014, avant d'être l'un des principaux rédacteurs de l'étude annuelle 2017 du Conseil d'État sur les plateformes numériques. Depuis 2018, il est affecté à la section de l'intérieur du Conseil d'État et exerce à ce titre une activité de conseil juridique du gouvernement dans le domaine des libertés publiques. Spécialisé notamment en droit de la protection des données personnelles et des ultranouvelles technologies, Timothée Paris est également professeur associé à l'Université Paris-Est-Créteil (UPEC) et anime à Sciences Po un séminaire sur l'éthique de l'intelligence artificielle. Il a publié plusieurs travaux de recherche sur les aspects sociétaux des technologies numériques et participe régulièrement à des conférences sur ces sujets.

Christophe Ravier

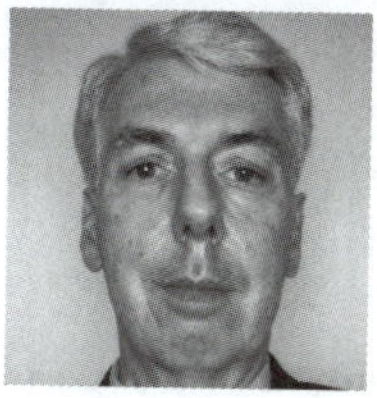

Christophe Ravier est ingénieur général des Mines, membre du Conseil général de l'économie. Il a réalisé la majorité de sa carrière au ministère de l'Économie, où il s'est occupé de réglementation des télécommunications, avant d'être adjoint au chef du service de l'économie numérique de la Direction générale des entreprises.
Il est diplômé de Télécom Paris et ancien élève de l'École polytechnique.

Ulrich Tan

Ingénieur en chef des Mines, Ulrich Tan dirige le Datalab de la Direction interministérielle du numérique (Dinum) depuis juin 2023. Sous sa direction, le Datalab a en particulier développé l'IA générative souveraine, Albert, destinée à répondre aux cas d'usage de la sphère publique.
Auparavant, il a été entrepreneur et CTO dans le numérique, en IA, en sciences des données, en actuariat, en cybersécurité et en protection des données. Il a également été directeur stratégie et développement commercial dans un groupe industriel français, chargé du redressement des comptes de la R&D et des partenariats d'innovation. Il commence sa carrière dans la fonction publique comme commissaire contrôleur des assurances, puis chargé de mission à l'agence financière de New York pendant la crise de 2008, avant d'être adjoint chef de brigade à l'Autorité de contrôle prudentiel et de résolution, puis conseiller économique et financier à l'ambassade de France à Tokyo et représentant de la Banque de France pour le Japon et la Corée.
Ancien élève de l'École polytechnique, il est diplômé de l'Institut d'études politiques de Paris et de l'université Pierre-et-Marie-Curie (Sorbonne Université).

Louis-Charles Viossat

Louis-Charles Viossat est inspecteur général des affaires sociales et responsable de la mission permanente « Europe et International » de l'IGAS. Spécialiste des questions sociales nationales et internationales, Louis-Charles Viossat a notamment été ambassadeur santé au ministère des Affaires étrangères, directeur général de l'ACOSS (Urssaf), directeur du cabinet du ministre de la Santé, de la Famille et des Personnes handicapées et conseiller social et directeur-adjoint du cabinet du Premier ministre. Il a également

travaillé à la Banque mondiale dans la région Asie de l'Est et Pacifique et pour plusieurs entreprises multinationales du secteur de la santé. Il préside Centre Inffo, le service public de l'information sur la formation professionnelle continue, et est trésorier de l'ONG européenne Les Amis du Fonds mondial Europe. Louis-Charles Viossat enseigne les politiques sociales à Sciences Po.

*

La Commission tient également à remercier Antonin Bergeaud pour sa contribution aux travaux prospectifs sur l'évaluation de l'impact de l'IA sur l'emploi et en particulier sur l'emploi des secteurs culturels.

Antonin Bergeaud est spécialiste de la croissance économique et de l'innovation. Ses travaux de recherche s'intéressent aux déterminants à long terme de l'évolution du PIB, que ce soit à travers l'étude des sources d'hétérogénéité entre les entreprises, de la création et de la diffusion des innovations ou bien de la dynamique de la productivité.

Antonin Bergeaud a obtenu un doctorat de la Paris School of Economics en 2018 et est diplômé de l'École polytechnique. Avant de travailler à HEC, il a occupé un poste de chercheur économiste à la Banque de France.

Lettre de mission

Le Premier Ministre

Paris, le **28 FEV. 2024**

Madame, Monsieur,

L'arrivée progressive de l'intelligence artificielle (IA) au cœur de notre quotidien révèle chaque jour un peu plus son potentiel et soulève de très nombreuses questions, notamment dans les domaines de l'éthique, de l'économie, de la productivité, du travail, de l'organisation des entreprises ou encore de la souverainetés industrielle et numérique des États. Cette innovation constitue un point de rupture dans nos sociétés modernes, venant bouleverser nos modes de pensée, nos modes de production, nos modes de consommation, en bref; nos modes de vie.

Les bouleversements technologiques et sociaux qui en découlent prouvent que la bataille pour la souveraineté passe par la maîtrise de ces technologies. Dès 2018, la première phase de la stratégie nationale pour l'IA, lancée par le Président de la République, a permis de développer une filière de rang mondial. Avec le lancement du plan France 2030 en octobre 2021, notre pays a rehaussé son ambition en la matière.

Aujourd'hui, face à ces nouveaux défis, nous devons aller plus loin, notamment en renforçant nos formations pour développer davantage de talents en France, en nous assurant que notre tissu économique ait les moyens de tirer le maximum de cette technologie, en investissant pour favoriser l'innovation française sur la scène internationale et en définissant une régulation adaptée des différents secteurs pour protéger des dérives.

C'est la raison pour laquelle ma prédécesseure, Mme Elisabeth Borne, a souhaité installer la Commission de l'intelligence artificielle, le 19 septembre 2023 à Matignon.

Sous votre présidence, cette Commission réunit des acteurs de différents secteurs (culturel, économique, technologique, de recherche), pour contribuer à éclairer les décisions du Gouvernement et faire de la France un pays à la pointe de la révolution de l'intelligence artificielle. Elle doit présenter au Gouvernement des propositions concrètes permettant d'adapter notre stratégie nationale.

Vous animez cette Commission composée de treize experts de l'intelligence artificielle : Gilles Babinet, Joëlle Barral, Alexandra Bensamoun, Nozha Boujemaa, Bernard Charlès, Luc Julia, Yann Le Cun, Arthur Mensch, Cédric O, Isabel Ryl, Franca Salis-Madinier, Martin Tisné, Gaël Varoquaux.

Monsieur Philippe AGHION
Professeur au Collège de France
Madame Anne BOUVEROT
Présidente du conseil d'administration de l'École normale supérieure

Chacun des experts a été désigné *intuitu personae* par le Gouvernement et ne peut donc en aucun cas se faire représenter. Les présidents, les membres et les experts de la Commission sont par ailleurs tenus à la confidentialité des débats et travaux auxquels ils participent ou assistent. Vous veillez à ce que cette obligation de confidentialité et de discrétion soit respectée.

Vous êtes responsables de l'avancée des travaux, dont je souhaite qu'ils s'articulent autour de cinq thématiques clés : impacts économiques, souveraineté industrielle et numérique, éthique et impacts sociétaux, enjeux culturels et service public. Pour chacun de ces thèmes, vous veillez à la diversité des personnes auditionnées qui vous permettent d'étayer les constats et les propositions établis par la Commission.

Pour mener ces travaux thématiques, la Commission de de l'intelligence artificielle bénéficie de l'appui de treize rapporteurs issus de l'administration : Marc Auberger, inspecteur général des finances, Simon Bunel, administrateur de l'Insee, Philippe Chantepie, inspecteur général des affaires culturelles, Eloy Dorado, administrateur général, Emilie-Pauline Gallié, inspectrice générale de l'éducation, du sport et de la recherche, Paul Jolie, ingénieur général des mines, Arnaud Mazier, ingénieur général des mines, Vincent Montreuil, inspecteur général de l'éducation, du sport et de la recherche, Timothée Paris, maître des requêtes au Conseil d'État, Christophe Ravier, ingénieur général des mines, Erwan Paitel, inspecteur général de l'éducation, du sport et de la recherche, Ulrich Tan, ingénieur des mines, et Louis--Charles Viossat, inspecteur général des affaires sociales.

Afin d'assurer la coordination d'ensemble des travaux de la Commission, vous êtes également accompagnés de deux rapporteurs généraux mis à votre disposition, Cyprien Canivenc, conseiller référendaire à la Cour des comptes, et Arno Amabile, ingénieur des mines. Vous pouvez également vous appuyer sur l'expertise de Guillaume Avrin, coordonnateur national pour l'intelligence artificielle.

Je souhaite que vous me rendiez régulièrement compte de l'avancée de vos travaux, jusqu'à la remise de vos conclusions définitives début mars 2024. Les propositions devront être opérationnelles, réalistes et ambitieuses soutenues par une vision long terme, globale et objectivée.

Je vous remercie et vous prie de croire, Madame, Monsieur, à l'assurance de notre considération distinguée.

Gabriel ATTAL

Table

Cet ouvrage a été composé
en ITC Galliard et en Poppins
par Nord Compo
à Villeneuve-d'Ascq (Nord).

N° d'édition : 4150-0915-X
Dépôt légal : mai 2024

Imprimé en France

l'IA s'est immiscée dans de nombreuses activités du quotidien. Nos téléphones l'utilisent pour se déverrouiller en reconnaissant notre visage ou nos empreintes, elle aide à la traduction en langue étrangère, à la reconnaissance d'images, au sous-titrage automatique de vidéos, à la détection des fraudes, à la recommandation de produits… Lorsqu'une publicité s'affiche sur notre écran, c'est souvent une intelligence artificielle qui l'a choisie. Ce que nous permet ChatGPT, c'est notamment de pouvoir interagir (voire jouer !) avec l'IA et d'imaginer des cas d'usage.

L'importance de l'IA n'est pas uniquement liée à ce qu'elle sait faire, quoique battre les meilleurs joueurs d'échecs ou de go reste impressionnant. C'est sa diffusion très rapide dans de très nombreux produits et services qui lui confère un pouvoir transformateur. En ce sens, elle est souvent comparée à d'autres innovations, qui, en leur temps, ont profondément transformé nos vies, nos économies et le fonctionnement même de nos sociétés, comme l'électricité ou le téléphone. L'IA, intégrée dans nos systèmes de communication et d'information, transformera aussi nos démocraties.

Il nous a fallu quelques décennies pour nous approprier les précédentes révolutions technologiques, nous devons donc dessiner sans attendre une société avec l'IA.

Recommandation n° 1. Créer les conditions d'une appropriation collective de l'IA et de ses enjeux afin de définir collectivement les conditions dans lesquelles elle s'insère dans nos vies quotidiennes.

Introduction

L'intelligence artificielle (IA) est omniprésente dans le débat public. Ses applications défraient la chronique : synthèse de texte, génération de musique, traduction et interprétation, montage de photos, etc. Il en va de même pour certains outils à base d'IA dont l'usage s'est rapidement diffusé dans le monde. Certains y voient une source d'inquiétudes, d'autres d'espoirs. Des observateurs constatent ou prédisent une révolution sociétale, d'autres n'identifient pas de rupture dans leur quotidien personnel ou professionnel. En réalité, de quoi parle-t-on ?

L'intelligence artificielle n'est pas une nouveauté : elle date des années 1950

L'IA est en réalité sur le devant de la scène depuis des décennies. Le système américain Mycin de diagnostic de maladies du sang et de prescription (années 1970), la construction du premier véhicule à conduite autonome Navlab (1986), la victoire de la machine Deep Blue sur le champion du monde d'échecs Garry Kasparov (1997), l'assistant virtuel Siri intégré aux portables iPhone (2011),

Méthode

Composition

Présidents	Philippe Aghion	Anne Bouverot	
Rapporteurs généraux	Arno Amabile	Cyprien Canivenc	
Membres	Gilles Babinet Joëlle Barral Alexandra Bensamoun Nozha Boujemaa	Bernard Charlès Luc Julia Yann Le Cun Arthur Mensch	Cédric O Isabelle Ryl Franca Salis-Madinier Martin Tisné Gaël Varoquaux
Rapporteurs	Marc Auberger Simon Bunel Philippe Chantepie Eloy Dorado	Émilie-Pauline Gallié Paul Jolie Arnaud Mazier Vincent Montreuil	Erwan Paitel Timothée Paris Christophe Ravier Ulrich Tan Louis-Charles Viossat